NICOLA CINARDI

IL GOLDEN PLANNER PER LA FELICITÀ E IL SUCCESSO

COME PIANIFICARE GLI OBIETTIVI E REALIZZARLI

IL GOLDEN PLANNER PER LA FELICITÀ E IL SUCCESSO: COME PIANIFICARE GLI OBIETTIVI E REALIZZARLI
Copyright © 2020 Nicola Cinardi.

Tutti i diritti sono riservati. Nessuna parte di questo libro può essere usata o riprodotta in alcun modo senza il consenso scritto dell'autore. La scansione, l'upload, e la distribuzione di questo libro attraverso internet o qualsiasi altro mezzo senza il permesso dell'autore è illegale e perseguibile penalmente. Acquista solo edizioni autorizzate e non partecipare né incoraggiare la pirateria elettronica.

Libro e copertina a cura di Nicola Cinardi

Edizione Italiana: Novembre 2020

A mia Madre
Che ha fatto di noi figli la sua
ragion d'essere

A te
Che stai per scoprire la tua.

La personalissima agenda della trasformazione di:

_____

INTRODUZIONE
TRASFORMA LA TUA VITA, PERCHÉ PUOI

"Fallire di pianificare è pianificare di fallire"
Benjamin Franklyn

Tutti noi abbiamo una scelta: semplicemente vivere senza un piano oppure disegnare una vita di felicità e successo e farne un'opera d'arte.
Siamo sempre influenzati da cinque fattori: l'ambiente, gli eventi, la conoscenza, i risultati, i nostri sogni. Di tutti questi fattori, assicurati che l'influenza maggiore sia legata ai sogni. Assicurati che sia la tua visione del futuro il fattore che maggiormente guida le tue scelte quotidiane. Per far ciò il tuo futuro deve essere ben pianificato.
Esistono due modi di affrontare il futuro e i sogni: con apprensione o con anticipazione. Ti faccio una domanda, secondo te quante persone affrontano il futuro con apprensione? Molte. Si tratta delle persone che non hanno pianificato nulla e molto probabilmente si sono bevuti l'idea di futuro, di vita e i sogni di qualcun altro. Tu invece, affronterai il futuro con anticipazione quando avrai pianificato un futuro di cui essere entusiasta, quando avrai pianificato i tuoi risultati in anticipo. In questo modo il tuo futuro, la tua immaginazione e i tuoi sogni, avranno un'enorme

influenza su di te. Per pianificare il tuo futuro in questo modo hai bisogno di porti obiettivi. Gli obiettivi ben definiti sono come dei magneti, ti attraggono nella loro direzione, ti spingeranno ad andare contro ogni difficoltà, per raggiungerli. Al contrario, senza obiettivi, è facile lasciare la tua vita deteriorarsi fino al punto in cui semplicemente continuerai a vivere. Sei tu a scegliere se vivere senza un piano oppure disegnare la tua vita e farne un'opera d'arte.

Se vuoi disegnare un'opera d'arte devi imparare a porti degli obiettivi. Il punto cruciale diventa come farlo.

Lavorando con i miei clienti mi sono reso conto di uno schema ricorrente che distingue le persone che nella vita hanno successo dalle perone che non riescono a realizzarsi. Le persone di successo fanno piani. Ma questo non è nulla di nuovo, è una conferma di ciò che ho sempre sentito all'interno dell'ambiente di motivazione e crescita personale. La novità, che ho scoperto, è il modo in cui lo fanno.

Come vedrai più avanti nella tua agenda della trasformazione, esiste un modo sbagliato di fare piani, un modo buono e il modo migliore. Tu stai per imparare il modo migliore.

Dovrai imparare le basi su come pianificare la tua vita, avrai bisogno di scoprire ciò che davvero conta per te e ciò che conta per ogni essere umano che può fare una grande differenza.

Sono qui per guidarti attraverso questo processo.

Ti chiedo di prendere una decisione, adesso.

Visualizza ciò che leggi di seguito.

Mai più! Non permetterò di tornare indietro, non tornerò alla mia vecchia vita, mai più. Per nessuna ragione al mondo la mia vita sarà la stessa. Voglio cambiare la mia vita e non c'è tempo migliore che adesso. Farò qualunque cosa per trasformare la mia vita. Agirò massivamente per ridisegnare la mia vita, perché io posso.

Ripeti insieme a me:

<<Io decido di trasformare la mia vita, perché io posso>>.

Ripeti.

<<Posso trasformare la mia vita, sì io posso>>.

Questo non è un libro come gli altri questa è la tua personalissima agenda della trasformazione.

Questo è il tuo segreto per trasformare la tua vita totalmente.

Se segui le mie istruzioni e cominci ad agire il prima possibile con costanza e determinazione, in un paio di mesi non riconoscerai più te stesso.

Ti guarderai indietro e sarai orgoglioso del tuo viaggio perché una delle chiavi per una vita felice e di successo è la consapevolezza di aver fatto tutto ciò che potevi per rendere migliore la tua vita. Con questa agenda tu puoi. Torna qualche pagina indietro e apponi la tua firma sotto la frase "La personalissima agenda della trasformazione di", come simbolo della tua decisione e della svolta che sta per accadere.

PARTE I

LA TUA RAGION D'ESSERE

PERCHÉ TI ALZI AL MATTINO?

Quale è il senso della tua esistenza? Scommetto che ti sei posto almeno una volta questa domanda. Se come la maggior parte degli uomini sulla Terra non hai ancora trovato risposta, non ti scoraggiare perché esiste un metodo per scoprirlo. Per fortuna qualcuno prima di noi ha percorso sentieri di ricerca, da secoli, per giungere alla conclusione più accettabile sul senso della propria vita. Si, hai letto bene, accettabile perché, mi dispiace deluderti, non c'è un senso "alto" della vita, non esiste un senso cosmico o divino della vita. Dal punto di vista dell'universo la vita di una singola persona o la vita di milioni di persone o la vita in generale non ha alcun significato.

<<*La vita, in generale, non ha alcun significato*>>.

Non sto assolutamente dicendo che la vita di ognuno di noi è inutile, piuttosto sto affermando il contrario e ora capirai perché.
Tutto è utile nell'universo.

<<*Tutto è utile nell'universo*>>.

Ogni elemento del cosmo, quindi anche ogni singolo essere vivente, ha un ruolo ben preciso anche se non predeterminato. Il sole che scalda la terra e fa evaporare gli oceani. Gli oceani evaporati che diventano vapore acqueo, che a

sua volta sale in alta quota e forma le nuvole. Le nuvole, il vento che le sposta, che danno luogo a precipitazioni. Le piogge che portano acqua. L'acqua che disseta uomini, animali e piante. Le piante che nutrono animali e uomini. Gli uomini che creano storie, inventano tecnologie, aiutano altri uomini. Gli uomini che possono scegliere di fare un sorriso oppure no. Il sorriso che scalda il cuore di chi si ama. Tutto è utile nell'universo.
Tutto ha un posto nel Mondo. Non occorre entrare nei dettagli dei meccanismi di funzionamento profondi della Natura, ti basta ricordare che siamo un enorme sistema di elementi, tra loro interagenti, che si auto-organizza (cerca su google sistemi complessi, auto-organizzazione, fenomeni emergenti).
Tu hai un ruolo cruciale in tale sistema. Adesso devi trovare il tuo motivo di esistere.

<<Siamo un enorme sistema di elementi, tra loro interagenti, che si auto-organizza. Tu hai un ruolo cruciale in tale sistema>>.

Se stai cercando un senso cosmico o teologico della vita, beh, buona fortuna, fammi sapere se lo trovi. Io credo che continueresti a cercare per tutta la vita e forse, dico forse, appena prima di chiudere gli occhi per l'ultima volta, appena prima di cedere il passo alla crudele mietitrice, realizzeresti quale sarebbe potuto essere il vero senso della tua esistenza. Non correre il rischio. Per fortuna esiste un metodo che ti permetterà di scoprire il tuo personalissimo senso della vita. Seguendo i passaggi che ti indico nel libro imparerai a conoscere il motivo per cui ti svegli (o meglio ti sveglierai) al mattino, la guida del sentiero della tua vita, la tua personale ragion d'essere, quello che in Giappone chiamano Ikigai.

Scoprire il tuo Ikigai ti permetterà di avere un punto di riferimento verso cui orientare le tue scelte e ti agevolerà nella pianificazione di una vita ricca, piena di risultati, soddisfazioni e conquiste. Più avanti scoprirai come scrivere piani efficaci per quel meraviglioso viaggio che è la vita. Come effetto collaterale anche la tua longevità ne beneficerà. Infatti molte ricerche hanno ormai dimostrato che chi ha un forte Ikigai ha una aspettativa di vita superiore rispetto a chi non ha mai scoperto il proprio senso di vivere. Tra l'altro, insieme ad un forte senso di appartenenza alla comunità, è proprio uno dei fattori chiave per la salute e la longevità nelle famose zone blu (le regioni del mondo con il più alto numero di centenari e ultracentenari in salute). È arrivato il momento di scoprire il tuo Ikigai. Ma prima…

TU CHI SCEGLI DI ESSERE?

Per ogni cosa nella vita c'è modo e modo. C'è il modo di fare le cose dell'uomo della strada, il modo di fare le cose dell'uomo istruito e il modo di fare le cose dell'uomo di scienza. Non fare l'uomo della strada.

Nell'immagine a seguire è rappresentato il modo in cui puoi effettuare le tue scelte.

Consideralo un bonus, un regalo che potrai portare sempre con te e ti assicuro che se baserai le tue scelte future pensando a questo schema il tuo successo in qualsiasi campo sarà sbalorditivo.

L'uomo della strada tende a pensare di avere già tutte le risposte; questo è proprio un modo di valutare se stai pensando come lui o meno: se pensi di non avere bisogno di imparare…

L'uomo della strada fa un piccolo sforzo per conoscere ed informarsi, fatto rappresentato dalla bassa altezza dell'alzata del primo gradino. Di conseguenza pensa di sapere molto, proprio perché non riesce a vedere che c'è altro da imparare, ma in realtà conosce ben poco, il che è rappresentato dalla pedata (la parte in cui poggiamo i piedi) molto piccola.

L'uomo istruito fa uno sforzo maggiore per conoscere, crescere ed informarsi (alzata più

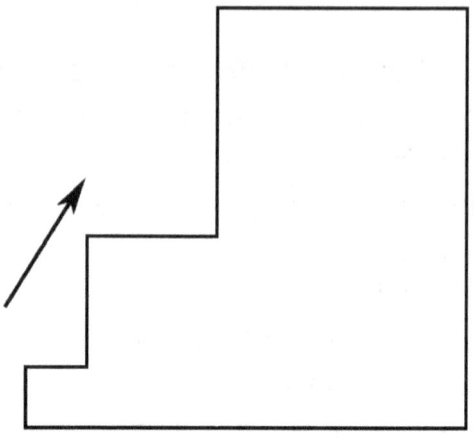

alta). Corrispondentemente è ripagato con scelte più sagge che portano a situazioni migliori e a relazioni più appaganti, oltre che a uno stile di vita più sano e una carriera più soddisfacente (pedata più lunga). A differenza dell'uomo della strada, l'uomo istruito riesce a navigare verso una buona direzione.

Tuttavia, per quanto istruito, se le informazioni non vengono acquisite da canali validi e "globali" c'è il rischio di navigare immerso in un oceano di informazioni e non avere gli strumenti mentali idonei a raggiungere la meta in maniera efficace ed efficiente. La soluzione? La via della scienza.

L'uomo di scienza che, attenzione, non necessariamente è uno scienziato, compie le scelte migliori. Personalmente conosco moltissimi scienziati che nonostante si occupino di scienza per professione, non pensano come l'uomo di scienza. Viceversa diverse persone, non legate al mondo scientifico, ragionano e pensano come l'uomo di scienza.

L'uomo di scienza non solo si impegna molto di più per espandere la propria conoscenza, ma cerca sempre di mettere in dubbio le proprie credenze e cerca le risposte negli *studi statisticamente rilevanti*, ovvero studi basati su osservazioni di ampia scala ed eseguiti con metodo e rigore. Ricorda che studi condotti su pochi casi o gruppi ristretti di persone non sono statisticamente rilevanti. Per l'uomo di scienza la pedata è di dimensioni decisamente maggiori, cioè le conoscenze sono più ampie, il che implica scelte di vita molto più solide, sagge e la possibilità di ottenere risultati molto più grandi e una vita più ricca e felice.

L'uomo di scienza legge articoli e studi scientifici o perlomeno quasi esclusivamente lavori pubblicati su riviste internazionali, di scienze naturali, fisica, economia, sociologia, psicologia, etc., o articoli divulgativi che ne fanno riferimento. Quando, anche sul web, trovi articoli in cui non vengono citati studi accademici allora non ti starai informando come un uomo di scienza.

L'uomo di scienza, inoltre, legge e ascolta libri e

podcasts di crescita personale e coglie ogni opportunità per migliorarsi, sfrutta persino i tempi morti (ascolta audiolibri mentre si sposta nel traffico o si occupa delle faccende di casa). L'uomo di scienza preferisce il nutrimento all'intrattenimento. Se vuoi saperne di più su come uscire dai tuoi schemi di pensiero attuali e osservare una crescita esponenziale fai riferimento al mio libro "L'incredibile Potere - Come cambiare la tua vita e raggiungere la grandezza", in cui apprenderai delle tecniche per liberarti facilmente da eventuali blocchi di cui neppure ti accorgi.

<<*L'uomo di scienza preferisce il nutrimento all'intrattenimento*>>.

Quindi, riepilogando, l'uomo di scienza legge articoli scientifici e libri di crescita personale; l'uomo istruito legge i giornali e i romanzi; l'uomo della strada legge molto poco, sta sui social e guarda serie TV.

<<*C'è l'uomo della strada, l'uomo istruito e l'uomo di scienza*>>.

Tu chi scegli di essere?

IMPARA A RESPIRARE

Hai capito che avere una ragione del cuore per la quale ti alzi al mattino fa una notevole differenza. Hai scoperto che ci sono modi e modi di prendere decisioni e adesso, prima di andare avanti, ti chiedo di imparare a respirare. Obiezioni da uomo della strada?
Immagino di no. D'altro canto questa è la tua agenda della trasformazione, la scelta spetta sempre a te.
Ecco il secondo bonus in serbo per te. Ti sto per insegnare una tecnica che potrai usare in qualsiasi circostanza per ottenere calma, equilibrio, concentrazione, energia e molto di più. È una tecnica molto semplice che ti chiederò di utilizzare più volte. Non ti spiego adesso i vantaggi perché ho deciso di descrivere un nuovo vantaggio ogni volta che ti verrà chiesto di usare la tecnica. Questo per mantenere alta la tua curiosità e fare in modo di farti percepire la giusta importanza, instillando al contempo una forte attenzione verso l'argomento. È un modo di scrivere che sto sperimentando da poco; il tuo parere sarà molto utile. Scrivimi all'indirizzo email cinardicoaching@gmail.com o cercami sui social.
Questa tecnica di respirazione ti permetterà, nel

contesto di questa agenda, di lavorare con lucidità e avere la massima ossigenazione delle cellule cerebrali; curioso vero?
Il nome che devi ricordare è *respirazione quadrata.*
Pronto?

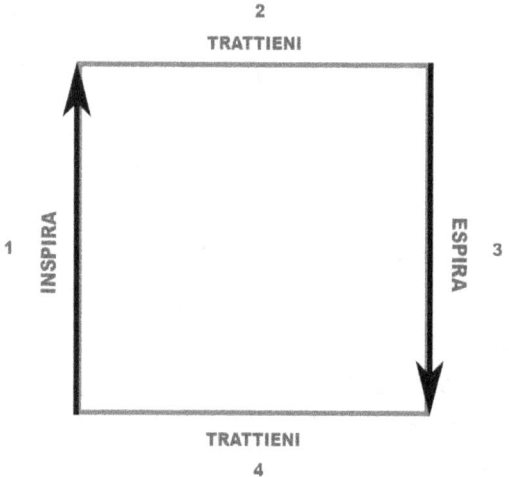

Siediti o stenditi comodo. Puoi chiudere gli occhi se preferisci. Rilassa il corpo. Non contrarre le spalle: spalle lontane dalle orecchie (ricorda questo ogni volta che stai davanti al pc).
Rilassati.
Uno. Inspira dal naso con la bocca chiusa per quattro secondi e lascia che il tuo stomaco si gonfi come un palloncino, visualizzalo espandersi, non alzare le spalle, ma puoi lasciare il torace alzarsi.

Due. Trattieni il respiro per quattro secondi. "Osserva" l'aria che va ad occupare ogni spazio vuoto all'interno dei polmoni. Trattieni. Trattieni.

Tre. Espira per quattro secondi. Espelli l'aria dalla bocca con un flusso costante fino a che i tuoi polmoni non si saranno svuotati. "Osserva" l'aria risalire dallo stomaco fino a fuoriuscire dalla bocca.

Quattro. Trattieni per quattro secondi. "Ascolta" anche la parte residua di aria che adesso si espande ad occupare tutto lo spazio (nella respirazione normale ciò non avviene). Trattieni. Trattieni.

Ripeti il ciclo per quattro volte.

È normale sentirsi un pò strani la prime volte, potresti avvertire qualche lievissimo giramento di testa. È normale, vuol dire che prima di adesso non avevi mai respirato al pieno delle tue potenzialità.

Cerca, col tempo, di allungare l'intervallo temporale di ogni fase, prova con sei secondi, poi otto, poi dieci. Quando riesci con facilità ad eseguire un ciclo aumenta i secondi di ogni fase.

Vedrai presto gli enormi benefici che riceverai eseguendo la respirazione quadrata. Quando, e sono sicuro che accadrà, ti verrà un sorriso spontaneo rilassato e soddisfatto mentre esegui la respirazione quadrata, scrivimi.

LA TUA RAGION D'ESSERE

Nessuno deve mai dirti cosa dà senso alla tua vita, solo scavando dentro di te puoi scoprirlo. Non lasciare che la tua fugace permanenza sulla Terra sia diretta o dettata dai desideri o i sogni degli altri. Segui la tua strada e non farti distrarre da chi vuole confonderti dicendo che fare la manager è favoloso mentre non conti nulla se fai la sarta. Smetti di guardare chi sembra felice postando foto sui social con una noce di cocco e la spiaggia come sfondo (anzi smetti proprio di seguire i social) mortificandoti perché tu sei costretto a lavorare dieci ore al giorno per riuscire a sopravvivere. Scopri la tua ragion d'essere e lotta per essa, cambia la tua vita e dedica le tue rinnovate energie per il tuo Ikigai. Sapere quale è la tua ragion d'essere costituirà una fonte di energia inesauribile.

Questa è la tua personalissima agenda della trasformazione. Perciò non perdiamo tempo e andiamo insieme alla ricerca del tuo Ikigai con gli esercizi che seguono nel prossimo capitolo. Sei pronto?

ANDIAMO INDIETRO

Prima di cominciare trova un posto in cui puoi stare da solo per il tempo necessario. Porta con te una matita o una penna e una matita colorata o un evidenziatore. Qual è il tuo colore preferito? Questo è il tempo prezioso che dedichi alla tua anima. Te lo meriti. Che sia una stanza della casa, il tuo tempio sacro, il terrazzo dove prendi il sole, il tuo angolo di spiaggia preferito, la tua panchina al parco, o il tuo telo sotto gli alberi di un bosco, siediti, rilassati e, indovinato, fai la respirazione quadrata. Inspira, trattieni; tre, due, uno; espira; trattieni, tre due uno. Ripeti. Sorridi e comincia il seguente esercizio.

DA BAMBINO (TRA I TRE E I DIECI ANNI) MI PIACEVA:
Scrivi almeno sei cose che da bambino amavi particolarmente. Può essere un'azione, una situazione, un odore, un sapore, un oggetto, un comportamento, dai libero sfogo alla tua memoria e creatività.

....
....
....
....

MI PIACEVA PARTICOLARMENTE PERCHÉ:
Scrivi, per ciascuno di essi, il perché ti piaceva

DA RAGAZZO (TRA GLI UNDICI E SEDICI ANNI) MI PIACEVA:
Scrivi almeno sei cose che da ragazzo amavi particolarmente

....
....
....
....
....
....
....
....
....
....
....
....
....

MI PIACEVA PARTICOLARMENTE PERCHÉ:

....
....
....
....
....

TRA I SEDICI E I VENTI ANNI MI PIACEVA :
Scrivi almeno sei cose che da giovane amavi particolarmente

MI PIACEVA PARTICOLARMENTE PERCHÉ:

....
....
....
....
....
....
....
....
....
....
....
....

TRA I VENTI E I VENTICINQUE ANNI MI PIACEVA :
Scrivi almeno sei cose che da giovane adulto amavi particolarmente

....
....
....
....
....

MI PIACEVA PARTICOLARMENTE PERCHÉ:

Ti sei divertito? Immagino che non ricordavi quasi nemmeno più di alcuni eventi. Lo so, crescendo disimpariamo l'arte di fermarci a pensare e lasciarci andare. Benvenuto in un nuovo modo di vivere l'età adulta.

Rileggi adesso le risposte che hai dato sopra ai motivi per cui quelle attività ti piacevano così tanto. Vai alla ricerca di temi ricorrenti, di ciò che per te riveste o può rivestire ancora importanza e di ciò che ti fa sentire una luce, anche piccola, dentro al cuore. Sottolinea, con la matita del tuo colore preferito, quegli elementi e parole chiave. Dopodiché pensa, rifletti sull'insegnamento che puoi trarne, cosa ne deduci, cosa hai capito o imparato su te stesso? Prendine atto e annota di seguito ciò che ritieni più significativo.

NOTE DAL CUORE:

....
....
....
....
....
....
....
....

....
....
....
....

Hai fatto il primo passo verso la scoperta del tuo Ikigai. Se sei ancora pieno di energia e ti senti "nel flusso" vai avanti con gli esercizi altrimenti complimentati con te stesso per aver mosso i primi passi, regalati un sorriso e riprendi quando ti è più congeniale.

PASSIONI MODERNE

Indaghiamo adesso insieme sugli interessi che hai coltivato negli anni e magari adesso hai messo da parte momentaneamente oppure continuano a fare parte della tua quotidianità. Lo scopo è sempre quello di sentirsi liberi di esprimere se stessi, dopotutto come ormai hai imparato, stiamo cercando il tuo personalissimo Ikigai. Tieniti pronto. Fai prima la respirazione quadrata. E si comincia. Prendi nota di tutto ciò che ti viene in mente.

SONO CURIOSO DI / MI INCURIOSISCO QUANDO:

....
....
....
....
....
....
....
....
....
....
....
....

GLI EVENTI CHE NON POSSO PERDERE SONO:
Scrivi di mostre, spettacoli, teatro, conferenze, corsi, etc.

....
....
....
....
....
....
....
....
....
....
....
....

MI ENTUSIASMO PER O RESTO AFFASCINATO DA:

....
....
....
....

ECCO COSA MI MOTIVA:

MI INTERESSO PARTICOLARMENTE E ACQUISISCO VOLENTIERI INFORMAZIONI SU:

....
....
....
....
....
....
....
....
....
....
....
....
....
....

Benissimo. Adesso, come nell'esercizio precedente passa in rassegna ciò che hai scritto in queste liste e, armato della tua matita colorata, sottolinea gli elementi comuni, le parole chiave, gli elementi che 'vibrano' di più. Dopodiché chiediti che insegnamento puoi trarne. Cosa hai imparato su te stesso? Riassumilo di seguito, in maniera quanto più precisa possibile.

NOTE DAL CUORE:

....
....
....
....
....
....
....
....
....
....
....
....

Complimentati con te stesso, sii grato per il fatto che hai avuto il coraggio di intraprendere la strada della conoscenza, che hai deciso di non essere l'uomo della strada, di andare oltre l'uomo istruito.
Sii grato per aver scelto il cambiamento.
Ti auguro un sorriso grande per il resto della tua giornata.

QUESTIONI TERRENE

In questa sezione concediamoci il lusso di essere meno spirituali e un pò più materialisti. Anche questo, vedrai, contribuirà a nuove scoperte e ci porterà verso il tuo Ikigai.

Spesso nel mondo moderno si riscontra una paura verso il mondo 'troppo' materialista fatto di ricchezza e 'sprechi'. Come se la ricchezza fosse il male e i ricchi fossero i cattivi. Ti assicuro che non è così. Purtroppo questo è un blocco che frena tante persone dall'inseguire la libertà finanziaria. Soprattutto quando non se ne accorgono, ovvero credono di non avere tale blocco.

Infatti, cosa ti impedisce di perseguire l'indipendenza finanziaria? Bada bene che puoi definirti finanziariamente indipendente, ricco, quando le tue rendite passive, che hai generato da quelle attive, superano queste ultime. Se non è così non puoi definirti finanziariamente ricco.

Chiediti cosa ti impedisce di perseguire l'indipendenza finanziaria.

Certo diventare ricchi è difficile ma immagina quanto è difficile essere poveri. Se potessi scegliere di essere ricco o povero cosa sceglieresti?

C'è una sorpresa per te: puoi effettivamente

scegliere! Non scegliere è comunque una scelta.

<<Pensare che i ricchi siano i cattivi è un blocco che frena la ricerca dell'indipendenza finanziaria>>.

Tu cosa scegli?
Lasciamo il tuo cervello pensare in background sulla ricchezza. Lo farà per giorni o forse, spero, per settimane e magari molti giorni dopo aver prestato questo libro alla tua migliore amica, al tuo partner, alla tua sposa, ti sorprenderai di una rinnovata energia e una forte voglia di perseguire anche tu i tuoi sogni finanziari.

Lasciamo, dicevo, che il cervello lavori per te, nel frattempo concentrati sul prossimo esercizio. Preparati per la respirazione quadrata. Lo so, aspetti ancora dettagli sui suoi benefici. Arriveranno.

Probabilmente hai notato che sto cercando di rimandare il momento in cui otterrai maggiori informazioni, che è ciò che vuoi in questo momento. Non amo divertirmi alle tue spalle ma è un altro utile allenamento che ti porterà a risultati strepitosi nella vita lavorativa e personale. Tutti noi abbiamo digerito e assimilato la cultura del tutto e subito. Con telefoni e pc, che in una frazione di secondo ci portano da un capo all'altro del mondo, ci siamo abituati a credere che ad ogni azione corrisponde una reazione quasi

immediata. In parte, e in alcune circostanze può essere vero ma, per grandi risultati serve tempo. Serve costanza e perseveranza. Serve autodisciplina. Mai sentito parlare del test del marshmallow? Ti aspetto qui.
Fatto? Ok, riprendiamo.

<<*Ad ogni azione corrisponde una reazione, ma per grandi traguardi serve tempo*>>.

Rilassati, fai la respirazione quadrata e procedi con i prossimi esercizi.

I MIEI FILM PREFERITI SONO:
Scrivine almeno sei.

....
....
....
....
....
....
....
....
....
....
....
....

QUEL FILM MI PIACE PARTICOLARMENTE PERCHÉ:
Elenca i motivi per cui ognuno di essi ti piace in modo particolare

....
....
....
....
....
....
....
....
....
....
....
....

E vai con i libri.

I MIEI LIBRI PREFERITI SONO:
Scrivine almeno sei

....
....
....

MI PIACCIONO PARTICOLARMENTE PERCHÉ:

I MIEI MUSICALS E LE MIE OPERE TEATRALI PREFERITE SONO:

....
....
....
....
....
....
....
....
....
....
....
....

MI PIACCIONO PARTICOLARMENTE PERCHÉ:

....
....
....
....
....
....

Adesso dimmi: Perché alcuni libri ti sono più cari, quali sono le ragioni? Cosa è che rende alcuni spettacoli speciali? Sottolinea i temi ricorrenti e le parole chiave. Dopodiché annota di seguito quello che i temi ricorrenti pensi vogliano insegnarti, descrivi ciò che pensi essi vogliano dire su di te.

NOTE DAL CUORE:

....
....
....
....

Perfetto. Complimenti. Hai un bel gran sorriso? Bene. Non smettere mai di complimentarti con te. Non smettere mai di essere grato per le infinite possibilità che hai, anche solo per il fatto di essere vivo. Respira e mantieni il tuo sorriso.

SE NON AVESSI LIMITI

Adesso sei veramente libero di viaggiare con la fantasia. Nulla può frenarti. Immagina che d'improvviso ti venga detto di avere un mese intero tutto per te, senza limitazioni, puoi fare tutto ciò che desideri e andare in qualunque posto vuoi.

SE AVESSI UN MESE INTERO LIBERO PASSEREI IL MIO TEMPO A:

....
....
....
....
....
....
....
....
....
....
....
....

Cosa succederebbe se invece avessi tutta la vita

da poter gestire in totale libertà?

SE FOSSI FINALMENTE LIBERO PER IL RESTO DELLA MIA VITA SPENDEREI IL MIO TEMPO A:

....
....
....
....
....
....
....
....
....
....
....
....

Ops! E se invece domani fosse l'ultimo giorno. Il mondo finirà domani, quali sono i tuoi desideri?

SE IL MONDO FINISSE DOMANI, OGGI CERCHEREI DI REALIZZARE QUESTI DESIDERI:

....

Soldi? Non temere. Se ti venissero regalati 1000€ con la condizione di spenderli entro due giorni, di non poter pagare debiti o bollette, né fare investimenti, come li spenderesti?

SE MI VENISSERO REGALATI 1000€ LI SPENDEREI IN:

PERCHÉ:

....
....
....
....
....

Se alle stesse condizioni avessi invece un milione di euro e dieci mesi per spenderli. Cosa faresti?

SE AVESSI UN MILIONE DI EURO, LI SPENDEREI IN:

....
....
....
....
....

PERCHÉ:

....
....

....
....
....

Ben fatto. Rileggi tutto e trova e sottolinea gli elementi comuni, ciò che ha un impatto maggiore su di te, le parole chiave, i temi ricorrenti. Dopodiché scrivi di seguito in modo conciso ciò che hai scoperto su di te.

NOTE DAL CUORE:

....
....
....
....
....
....
....
....
....
....
....
....

Ancora complimenti. Stai facendo grandi passi verso la scoperta del tuo Ikigai.

Se vuoi, vai avanti con gli esercizi altrimenti dedica il resto della giornata alle cose che più sono importanti per te ripensando, quando puoi, a ciò che hai imparato oggi.

SVEGLIATI NON È MORFEO SEI TU

Ti sei mai fermato a chiederti quando, esattamente, hai rinunciato ai tuoi sogni? E soprattutto perché?

...

...

Fallo. Ti aspetto qualche minuto.

...

...

Se anche a te è successo tanto tempo fa, probabilmente i tuoi sogni sono così sepolti, da una catasta di impegni più urgenti, che neppure li ricordi. Ecco a cosa serve il prossimo esercizio. Prenderai coscienza dei tuoi vecchi e nuovi sogni. E probabilmente ti verranno in mente anche le "ragioni" per cui non hai potuto inseguirli. Se questo succede, prendine nota solo alla fine dell'esercizio. Lascia vagare la tua mente liberamente e senti ciò che riemerge dal tuo cuore. Se vuoi, tieni una mano sul petto durante l'esercizio per rafforzare la comunicazione con il tuo *Io* più profondo. Funziona.

Adesso rilassati, fai la respirazione quadrata, dopodiché procedi con l'esercizio.

La respirazione quadrata è una *forma di*

meditazione.

Siamo tutti caduti nella trappola del mondo moderno: essere sempre di fretta e pensare alla prossima mossa, al prossimo impegno, alla prossima cosa da fare, mentre ci rammarichiamo delle scelte "errate" che abbiamo compiuto in passato, e di come avremmo potuto agire e non lo abbiamo fatto, rimpiangiamo il passato.

Abbiamo perso la capacità di vivere il momento presente giusto per farlo, con il solo scopo di viverlo pienamente.

L'uomo della strada direbbe ma io non ho tempo per fermarmi. L'uomo istruito dice, io non ho alcun bisogno di fermarmi, voglio solo essere produttivo. L'uomo di scienza riconosce l'importanza del processo di focalizzazione sul momento presente e le conseguenze positive che ha per la produttività e il benessere psico-fisico.

La respirazione quadrata, dicevo, è un processo meditativo. Poiché conti i secondi durante le varie fasi, visualizzi il respiro, e senti l'aria muoversi dentro di te, sarai concentrato solo su ciò che sta accadendo in quel preciso momento, la respirazione appunto. Imparerai a concentrarti sul presente e ciò avrà, nel lungo periodo, un impatto straordinario sulla tua vita, credimi.

Bene. Respirazione. Sorriso. Piccolo consiglio: fare gli esercizi sempre nello stesso posto, nel tuo angolo di pace, ti aiuta ad assimilare meglio le informazioni che apprendi in questo libro e ciò che scopri su di te e di imprimerle con maggiore forza nella tua memoria. Provare per credere.
Si parte.

QUANDO ERO UN BAMBINO SOGNAVO DI:

....
....
....
....
....
....
....
....
....
....
....
....

QUANDO ERO UN ADOLESCENTE SOGNAVO DI:

....
....
....
....
....
....
....
....
....
....
....
....
....

QUANDO ERO UN RAGAZZO SOGNAVO DI:

....
....
....
....
....
....

....
....
....
....
....
....

INTORNO AI MIEI VANT'ANNI SOGNAVO DI:

....
....
....
....
....
....
....
....
....
....
....
....
....

OGGI SOGNO DI:

...

PER I PROSSIMI ANNI SOGNO DI:
Pensaci come se fossi sicuro che si avvereranno, come se avessi la certezza di riuscire a realizzarli.

....
....
....
....
....
....
....

PERCHÉ:
Annota perché tieni particolarmente a quei sogni.

....
....
....
....
....
....
....
....
....
....
....
....

Adesso, armato come sempre della tua matita colorata, evidenzia le parole chiave e i temi ricorrenti. Rifletti su quale insegnamento puoi trarne. Cosa stai imparando su di te? Annotalo di seguito.

NOTE DAL CUORE:

....
....
....
....
....
....
....
....
....
....
....
....

Grandioso! Siamo sempre più vicini alla meta. Sii grato per tutto ciò che ti è accaduto oggi e continua a mantenere il tuo bel sorriso.

DIMMI I TUOI VALORI E TI DIRÒ IL TUO IKIGAI

Anche l'arte di imparare a conoscersi è ormai quasi perduta, concentrati come siamo ad omologarci agli standard della società moderna. Tendiamo a dimenticare le nostre migliori qualità e i nostri pregi. Ma non si può avere successo ed essere felici senza conoscere le nostre migliori qualità.

> <<*Non si può avere successo ed essere felici senza conoscere le nostre migliori qualità*>>.

Tu vuoi essere felice e raggiungere il successo, giusto? Bene, ne consegue che dobbiamo ripristinare la tua connessione con il tuo *Io* profondo, con il tuo cuore, il quale ha la saggezza di riconoscere il tuo valore. Ciò ti darà una direzione e, una volta scoperto il tuo Ikigai, anche la tua autostima ne beneficerà. Per di più sarà come un faro acceso ad indicarti la via.

Andiamo insieme a scoprire, con il prossimo esercizio, quali sono i valori che più ti stanno a cuore.

Recati nuovamente al tuo tempio sacro, al tuo angolo di paradiso e preparati per il prossimo esercizio.

Rilassati.

Indovinato, fai la respirazione quadrata.

Pronto?

I MIEI PERSONAGGI PREFERITI SONO:
Pensa a personaggi della letteratura, dello spettacolo, del cinema etc.

....
....
....
....
....
....
....
....
....
....
....
....

SONO I MIEI PREFERITI PERCHÉ:
Perché sei particolarmente attratto da quei personaggi? Cosa apprezzi o ti inspira in ciascuno di essi?

....

QUANDO PARLO CON GLI ALTRI MI COLPISCE MOLTO / CERCO IN LORO LE SEGUENTI CARATTERISTICHE:

....
....
....
....

PERCHÉ:
Perché sei colpito da quelle caratteristiche?

....
....
....
....
....
....
....
....
....
....
....
....

LE PERSONE MI FANNO I COMPLIMENTI PER / MI DICONO DI ESSERE BRAVO IN / SONO FELICE DI AIUTARLI QUANDO MI CHIEDONO

DI...:

I MIEI MODELLI DI RIFERIMENTO SONO / VORREI ASSOMIGLIARE A:

PERCHÉ:

LE COSE CHE PIÙ CONTANO PER ME SONO:

....
....
....
....
....
....
....
....
....
....
....
....

E adesso annota quali sono i tuoi pregi e le tue qualità migliori.

I MIEI PREGI SONO:
Come vedi le righe a tua disposizione sono tante. Sforzati di scriverne quanti più possibili. Io, la prima volta che ho fatto questo esercizio ne ho trovati più di cinquanta e sono una persona come te. Continua con la lettura solo dopo averne

trovati più di me.

Ben fatto.

Ripercorri le liste precedenti e sottolinea i temi ricorrenti, le parole chiave e i concetti per te più significativi. Poi annotali di seguito in maniera concisa e formulando un pensiero su ciò che ti permettono di imparare su di te.

NOTE DAL CUORE:

Sei sempre più vicino alla scoperta della tua ragion d'essere. Congratulati per i tuoi sforzi e non smettere mai di mantenere il tuo gran bel sorriso.
Riprendi la tua giornata e torna alla tua agenda della trasformazione quando ne hai voglia.
Sorridi. Sempre.

DOVE NASCE L'ENERGIA

Sai cosa muove tutto?
C'è qualcosa di universale che fa muovere il mondo. Qualcosa che in parte gli scienziati hanno compreso ma che lascia dietro di se tanti misteri, tanto da un punto di vista teorico quanto dal punto di vista pratico. Sto parlando dell'energia. È come un muta-forma, si trasforma, muta, assume vesti differenti ma è ciò che letteralmente permea il Cosmo. Tutto quello che conosci è una forma di energia.

<<*Tutto quello che conosci è una forma di energia*>>.

Dal Big Bang alle cellule del tuo corpo, dalle galassie ai batteri, dalle stelle agli atomi non vi è altro che energia. È l'energia che permette l'esistenza stessa delle cose, per esempio sotto forma di legami atomici che tengono insieme le molecole, sotto forma di legami chimici che tengono insieme sistemi molecolari e le cellule, sotto forma di segnali elettrici e chimici che permettono le connessioni tra i nostri neuroni e da essi la creazione del pensiero. Ovunque volgerai lo sguardo troverai energia, in una forma o in un'altra. Adesso ti chiedo, qual è la tua energia?
In quale forma si manifesta in te? Voglio farti scoprire cosa genera in te la voglia di conquista,

di progresso e di successo. Quale forma di energia ti muove? Per scoprirlo, affrontiamo il prossimo esercizio.

La respirazione quadrata ti da *più energia*.
Sapevi che l'ossigeno è alla base della produzione di energia del corpo umano? Ebbene si è l'atomo che permette gli scambi energetici all'interno del tuo corpo. Non sono le calorie che assumi attraverso il cibo a darti l'energia, bensì l'interazione tra le componenti di quel cibo e l'ossigeno. Probabilmente nessuno ti ha mai detto che puoi persino perdere peso respirando bene (in seguito ti darò qualche dettaglio in più). Ecco perché è importante imparare a respirare. Anche la lucidità mentale e la creatività, insieme a tutti gli altri processi di pensiero, trarranno beneficio da una migliore ossigenazione. Tutto questo è legato al modo in cui il tuo corpo usa l'ossigeno.
Quando fai la respirazione quadrata vai in ipossia, cioè in carenza di ossigeno. Questo permette al nostro corpo di imparare a gestirlo meglio. Trovandosi di fronte ad un potenziale pericolo, ovvero la carenza di ossigeno, viene avviato un processo di riparazione cellulare per garantirti la sopravvivenza per il maggior tempo possibile e, di conseguenza, l'ossigeno viene gestito in maniera

più efficace. Allenandoti con la respirazione quadrata, attraverso l'ipossia, insegni al tuo corpo ad usare l'ossigeno in maniera efficace quando è disponibile in quantità normali. Per questo ti consiglio di praticarla almeno una volta al giorno. Per i motivi di cui sopra è importante che tu la faccia prima degli esercizi: con maggiore energia e lucidità di pensiero renderai più proficua la ricerca della tua ragion d'essere.

———

Pronto? Si parte.

LE COSE CHE MI DANNO PIÙ ENERGIA SONO:
Scrivi cosa ti fa sentire pieno di vitalità, che ti piace particolarmente e che ti fa sentire libero.

....
....
....
....
....
....
....
....
....
....

....
....

PERCHÉ:

....
....
....
....
....
....
....
....
....
....
....
....
....

LE ESPERIENZE MIGLIORI DELLA MIA VITA SONO STATE:

....
....
....

PERCHÉ:

I MOMENTI DI MAGGIORE SODDISFAZIONE IN CUI MI SONO SENTITO PIÙ APPAGATO E LIBERO SONO STATE:

PERCHÉ:

LE MIGLIORI DECISIONI CHE HO PRESO NELLA MIA VITA SONO:

E LO SONO PERCHÉ:

....
....
....
....
....
....
....
....
....
....
....
....

LE COSE CHE MI HANNO RESO PIÙ FELICE SONO:

....
....
....
....
....
....

PERCHÉ:

LE PERSONE CHE MI RENDONO FELICE SONO:

....
....
....
....
....
....
....
....
....
....
....
....
....

MI RENDONO COSÌ FELICE PERCHÉ:

....
....
....
....
....
....

Compila ancora una volte le note dal cuore, sai già come fare: sottolinea i temi ricorrenti e le parole chiave e trascrivile di seguito.

NOTE DAL CUORE:

....
....
....
....

Fantastico! Non dimenticare di congratularti con te stesso. Sorridi. Ci vediamo al prossimo esercizio.

GLI ULTIMI PASSI

Siamo davvero molto vicini. Hai mosso i primi passi verso la scoperta del tuo Ikigai. Un passo dopo l'altro sei giunto fino a qui. Hai mostrato determinazione. Adesso la vita, come sempre a chi mostra determinazione, sta per premiarti, stai per scoprire la tua ragion d'essere.

In questo capitolo affronterai gli ultimi passi verso la tua meta. Gli esercizi che seguono sono molto importanti, torna ogni volta nel tuo angolo di paradiso, nel tuo tempio sacro, riproduci l'atmosfera che hai creato per gli altri esercizi. Quando ne finisci uno, fermati.

Fai nuovamente la respirazione quadrata.

Sorridi.

Riprendi l'esercizio che segue con un bel sorriso. Per ognuno di essi scorri, con molta calma, tutte le "note dal cuore" dei capitoli precedenti. Scorri le altre liste alla ricerca delle parole che hai sottolineato e che non si trovano nelle note del cuore, potresti sentire che sono altri elementi davvero importanti per te. Svolgi i quattro esercizi che seguono ascoltando il tuo cuore, osserva ciò che emerge dalla tua analisi e scrivi ciò che ti fa vibrare l'anima. Ricorda che puoi aggiungere anche ciò che non è emerso nelle liste precedenti.

LE COSE CHE MI ISPIRANO, MI PIACE FARE, E MI DANNO ENERGIA SONO:

....
....
....
....
....
....
....
....
....
....
....
....
....
....
....
....
....

Dimenticato qualcosa? Hai ripercorso tutte le liste precedenti e le tue note dal cuore? Bene.

I MIEI PUNTI FORTI, LE MIE QUALITÀ MIGLIORI E LE COSE CHE SO FARE BENE SONO:

....
....
....
....
....
....
....
....
....
....
....
....
....
....
....
....

Ben fatto. Prenditi tutto il tempo necessario per ascoltare il tuo cuore, quando sei pronto vai al prossimo esercizio.

VENGO PAGATO O POTREI ESSERE PAGATO PER / POTREI GUADAGNARE DA:

Non pensare che devi essere eccellente o il migliore, ci sarà sempre qualcuno più bravo; la cosa importante è che i tuoi occhi si illuminino quando ci pensi. Sii creativo e non auto-censurarti.

....
....
....
....
....
....
....
....
....
....
....
....
....
....
....
....

Respira, sorridi. L'ultimo esercizio. Ripercorri sempre le liste precedenti e ascolta il tuo cuore.

NEL MONDO C'È BISOGNO DI:
Quali sono le virtù, le qualità, i valori, le idee, le invenzioni, le attività e le iniziative di cui il mondo ha bisogno. Pensa globale.

Grandioso! Ti faccio personalmente i complimenti per aver avuto il coraggio di percorrere questo sentiero di scoperta. Adesso andiamo a mettere insieme tutti i pezzi del puzzle e a fare l'ultimo grande salto.

IL TUO IKIGAI

Oggi è il grande giorno, il giorno in cui scoprirai la tua ragion d'essere, il motivo per cui ti alzerai al mattino. Una volta scoperto ti porterà una forza ed energia che non immaginavi possibile. La tua vita sta per cambiare sul serio. Questo è il regalo più grande per un autore di crescita personale: contribuire a rendere migliore la vita dei lettori. Grazie. Grazie per avermi dato fiducia. Grazie per aver avuto il coraggio di arrivare fino a qui. Grazie per la persona che stai per diventare; con una ritrovata fiducia nella tua vitalità ed una guida che illumina le tue scelte sono sicuro che darai il tuo contributo per rendere il mondo un posto migliore. Ancora grazie.

Eccoci arrivati.

Torna nel tuo tempio sacro, respira come ormai hai imparato per ottenere il massimo dalla tua mente e procedi con il prossimo esercizio.

Riprendi la tua bella matita colorata e rileggi con molta attenzione le ultime quattro liste del capitolo precedente. Sottolinea le parole o le frasi che risuonano nel tuo cuore, quelle che più contano per te, quelle che ti lasciano davvero con un senso di calore nell'anima.

Fatto?

Adesso osserva il grafico. Scrivi le parole che hai

sottolineato nell'area di pertinenza. Disponi tutti gli elementi selezionati. Per esempio se pensi che si

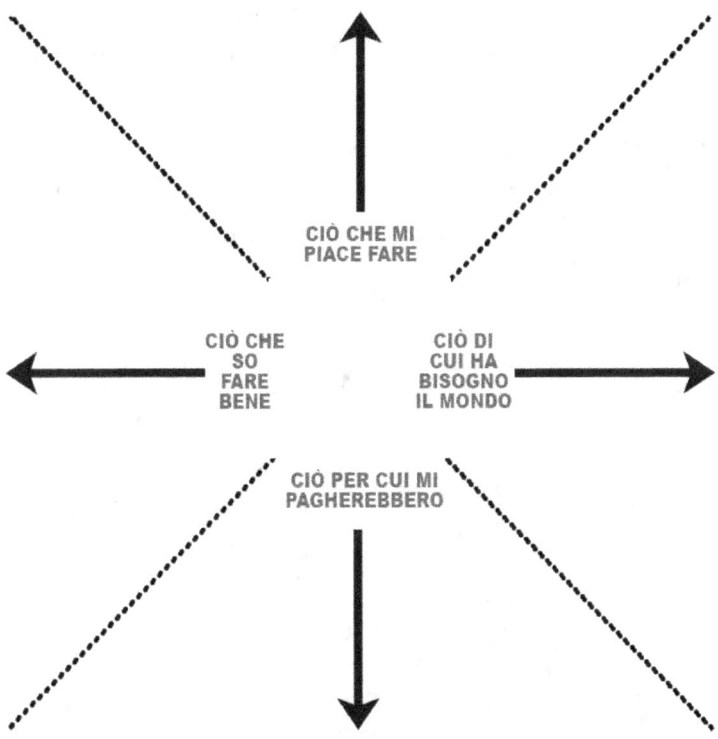

tratta di una cosa che ti piace fare e che tu sai fare bene piazzala in alto a sinistra. Se è pure una cosa di cui il mondo ha bisogno trascinala più al centro. Se ti potrebbero pure pagare trascinala verso il basso, finirà nella regione centrale del grafico. Procedi così con tutte le parole sottolineate.

Adesso sei pronto a decifrare il grafico che hai compilato. Troverai delle regioni del grafico più dense di altre. Come interpretarlo?

In alto a sinistra trovi la zona della tua Passione, in alto a destra la tua Missione nel mondo, in basso a destra la tua Vocazione, mentre in basso a sinistra la tua Professione.

Il seguente schema ti aiuta ad interpretare i risultati. Trascrivi le voci del precedente esercizio nel grafico del tuo Ikigai.

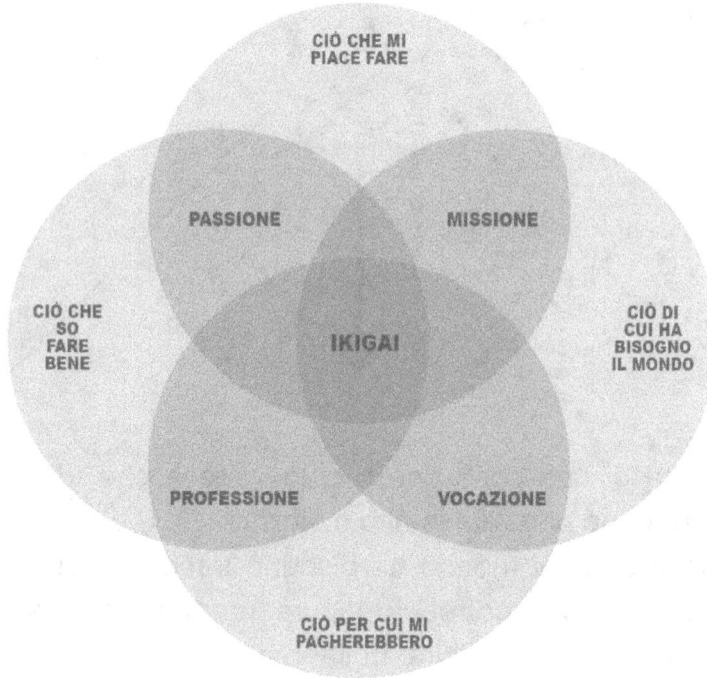

I confini tra le aree sono fluidi e puoi trovare più parole per ogni ambito. Per esempio potresti scoprire qual è la tua Missione e realizzare che potresti essere pagato per essa, allora diventa anche la tua Professione. Tutti e quattro gli ambiti contribuiscono al tuo Ikigai, proprio perché l'Ikigai è la somma delle quattro componenti. Tutte e quattro saranno la guida della tua vita, saranno i pilastri (proprio quattro, vedi?) che ti daranno forza e stabilità. Avrai scoperto, a questo punto, i quattro pilastri che sorreggono le tue decisioni e le tue scelte di vita. Per avere una visione chiara svolgi il seguente esercizio (dopo aver fatto la respirazione quadrata).

Per ognuno dei quattro ambiti, trascrivi le parole chiave, dopodiché formula la frase di senso compiuto migliore che ti viene in mente con quelle parole (trasformando eventualmente qualche aggettivo in sostantivo e viceversa). Quella è la tua, Passione, Missione, Vocazione, Professione.

PAROLE CHIAVE 1:

....
....
....
....
....

LA MIA PASSIONE É:

....
....
....
....
....

PAROLE CHIAVE 2:

....
....
....
....
....

LA MIA MISSIONE É:

....
....
....
....
....

PAROLE CHIAVE 3:

....
....
....
....
....

LA MIA VOCAZIONE É:

....
....
....
....
....

PAROLE CHIAVE 4:

....
....
....
....
....

LA MIA PROFESSIONE É:

....
....
....
....
....

Eccoci arrivati infine alla meta più ambita, sei pronto a decifrare tutti i tuoi appunti per scoprire la tua ragion d'essere. Come avrai intuito, è data dall'unione delle quattro aree, ovvero dagli elementi che si trovano al centro del grafico. Torna alla pagina dell'ultimo grafico. Al centro trovi esattamente ciò che muove il tuo cuore, il motivo per cui ti sveglierai al mattino, la tua ragion d'essere, il tuo Ikigai. Trascrivi questi elementi di seguito e con essi formula la migliore frase di senso compiuto che senti vibrare dentro di te.

PAROLE CHIAVE PER IL MIO IKIGAI:

....
....
....

IL MIO IKIGAI / LA MIA RAGION D'ESSERE É:

....

....

....

....

....

Questa è la frase che ti guiderà in ogni circostanza della tua vita. Scrivila dappertutto, nella tua agenda, in un magnete sul frigo, nella tua firma nelle email, nello sfondo del pc, tieni sempre a mente il tuo Ikigai.
Ogni mattino, quando apri gli occhi, ancora prima di alzarti dal letto, ripetilo a te stesso, rileggilo, visualizzalo. Ti assicuro che adesso la tua vita non sarà più la stessa. Perché? Perché adesso hai un faro che ti guida in ogni decisione. Quando compi una scelta, chiediti se ti avvicina o ti allontana dal tuo Ikigai. Se ti allontana sappi che ti sta allontanando da ciò che ti rende felice, pieno, soddisfatto, in pace; ti allontana da ciò che ti da forza, equilibrio e sicurezza. Se sai quale è la

meta della tua vita perché deviare rotta?

Adesso conosci il tuo personalissimo grande *Perché,* e avrai ben chiaro proprio il perché fai ciò che fai, avrai un entusiasmo e una forza che non immaginavi, adesso percepirai un vero e proprio bisogno di darti da fare per realizzare i tuoi obiettivi corrispondenti alla tua ragion d'essere.

Non sarà sempre facile perseguire la tua ragion d'essere perché la vita ama metterci ostacoli ma con il tempo imparerai che in realtà quelli che ti sembrano ostacoli oggi, li vedrai come doni domani.

<<Quelli che ti sembrano ostacoli oggi, li vedrai come doni domani>>.

Aver scoperto il tuo Ikigai ti dà un enorme vantaggio nella vita. Ogni volta che ti si porrà davanti una sfida, un problema, un duro colpo, il tuo Ikigai sarà proprio il motivo per cui andare avanti, per cui lottare, sarà la tua ragione di vita.

Sappi che raccolgo tutti gli ikigai dei lettori che mi scrivono a cinardicoaching@gmail.com. I più belli verranno pubblicati in una raccolta. Sono curioso di conoscere il tuo e non vedo l'ora di dirti grazie personalmente.

Dicevamo, il tuo Ikigai ti darà la forza di andare avanti nonostante gli ostacoli. Per di più comincerai a vedere gli eventuali ostacoli come motivo di sfida con te stesso. Ogni volta che incapperai in difficoltà e ostacoli smetti di chiederti "perché a me?", bensì comincia a dire "provaci con me", sì, "vita provaci con me".

<<*Non chiederti perché a me? Di' invece provaci con me!*>>.

Vedrai come la tua vita cambierà drasticamente con questo cambio di atteggiamento.

Ti ringrazio per aver lavorato alla scoperta del tuo Ikigai, sei già una persona migliore e una persona migliore contribuisce sempre ad un mondo migliore, grazie.
Adesso hai la guida, il faro, la meta, sai dove vuoi andare. Ti serve conoscere la strategia migliore per farlo. Conosci la meta, ti serve tracciare la rotta.

<<*Non basta conoscere la meta, occorre tracciarne la rotta*>>.

Nei prossimi capitoli imparerai come tracciare la rotta migliore per far si che possa raggiungere i tuoi obiettivi corrispondenti alla tua ragion d'essere.
Ricorda, prima di andare avanti nella lettura, che dovrai condurre uno stile di vita tale da permetterti di realizzare costantemente il tuo Ikigai. Adatta la tua esistenza alla tua ragion d'essere, non viceversa. Adatta la tua esistenza alla tua ragion

d'essere, non viceversa. È chiaro? Adatta la tua esistenza alla tua ragion d'essere, non viceversa.
Buon proseguimento di lettura.
Sorridi. Sempre.

PARTE II

L'ARTE E LA SCIENZA DEL BUON VIVERE

DISEGNA LA TUA ESISTENZA

Adesso sai quale è la tua missione, cosa ti appassiona, quale potrebbe essere la tua professione, e quale è la tua vocazione. Per permetterti di raggiungere la tua meta, come hai imparato, avrai bisogno di impostare la rotta. Avere dei sogni, congruenti con il tuo Ikigai, purtroppo non basta, servono degli obiettivi.

> <<*Avere dei sogni non basta, servono gli obiettivi*>>.

Sai qual è la differenza tra un sogno e un obiettivo? Risposta: una data. Parleremo di questo a breve. Intanto devi notare che siamo tutti abili a sognare, ci piace essere immersi nei nostri sogni ad occhi aperti, navigare con la mente. Desideriamo tutti più soldi, più tempo, relazioni migliori, più riconoscimento. Questi ed altri sono sogni che abbiamo tutti. Spesso però sono solo sogni, appunto. Per spostare quei pensieri dal mondo astratto dei sogni al mondo pratico della tua realtà hai bisogno di pianificare. Sono solo due le cose che fanno la differenza: una data e una penna. Insieme ti daranno un piano. Perché ricorda:

> <<*Fallire di pianificare significa pianificare di fallire*>>.

Il tuo Ikigai è allo stesso tempo la meta e la bussola per il tuo viaggio. Ciò che ti permetterà di tracciare la tua rotta verso il tuo Ikigai è un piano. Come per molte altre cose, esiste il modo di pianificare dell'uomo della strada, dell'uomo istruito e dell'uomo di scienza. Di seguito imparerai a pianificare in modo scientifico. L'arte e la scienza del pianificare è qualcosa che ti porterai dietro per tutta la vita, una volta appreso non potrai farne a meno. È ciò che farà la differenza tra te e l'uomo della strada, tra te che avrai imparato a disegnare la tua vita e chi si limita a tirare a campare. Non tirare a campare, disegna la tua esistenza.

Prima di imparare il metodo per pianificare i tuoi obiettivi in maniera scientifica devi conoscere quali sono i sei fattori che ti terranno motivato.

LA RUOTA DI UNA BUONA ESISTENZA

Sai quale è la tua ragion d'essere, hai la bussola, e questo dovrebbe bastare a tenerti motivato a raggiungere i tuoi obiettivi. Per essere certi che non perderai la motivazione lungo il percorso ti svelo un piccolo segreto che ti aiuterà a conoscere meglio te stesso.

Esistono sostanzialmente sei grandi fattori che ti terranno motivato. Eccoli.

Il bisogno di **certezza** o **sicurezza**: abbiamo tutti bisogno di una zona di comfort, di sapere che possiamo evitare il dolore e che possiamo soddisfare i nostri desideri.

Il bisogno di **varietà**: è impossibile condurre un'esistenza soddisfacente senza nuovi stimoli, cambiamenti, novità.

Il bisogno di **importanza**: sentirsi unici, speciali, utili, necessari, sentirsi protagonisti è una leva molto forte in tutti noi.

Il bisogno di **amore** e **connessione**: è importante sentirsi uniti o vicini a qualcuno o qualcosa. Ci siamo evoluti per creare legami sociali. La famiglia è un grande fattore di motivazione. Alcune persone farebbero per i loro cari quello che non farebbero per loro stesse.

Il bisogno di **crescita**: in un modo o nell'altro tutti vogliamo diventare persone migliori, acquisire nuove competenze e capacità.

Il bisogno di **benevolenza**: più saranno soddisfatti gli altri bisogni maggiore sarà il bisogno di dare il proprio contributo al benessere altrui.

I primi quattro bisogni sono bisogni fondamentali per un'esistenza sana e devono essere soddisfatti costantemente. Gli ultimi due sono quelli che generalmente nascono dopo che gli altri sono mediamente soddisfatti. Sono però quelli che fanno la vera differenza, sono i bisogni che più contribuiscono alla felicità e alla realizzazione. Non te ne accorgerai finché non li comincerai a soddisfare. Finché non soddisfi i bisogni di crescita e di benevolenza non potrai capire che la vera felicità fa già parte di te.

<<Finché non soddisfi i bisogni di crescita e di benevolenza non potrai capire che la vera felicità fa già parte di te>>.

Tutti insieme questi bisogni formano quella che io chiamo la ruota di una buona esistenza.

La tua esistenza, la tua vita è come una ruota. Il tempo scorre verso destra (nell'immagine di seguito). Le frecce indicano i diversi tipi di rotta. Conosci già il tuo Ikigai, conosci la tua direzione, non permettere a nulla e nessuno di farti cambiare rotta. Trovato il tuo Ikigai percorri la sua direzione.

La dimensione della ruota corrisponde allo "spessore" della tua vita. Corrisponde a quanto piena di significato è la tua esistenza. Più grande è la ruota, maggiore è il significato della tua esistenza.

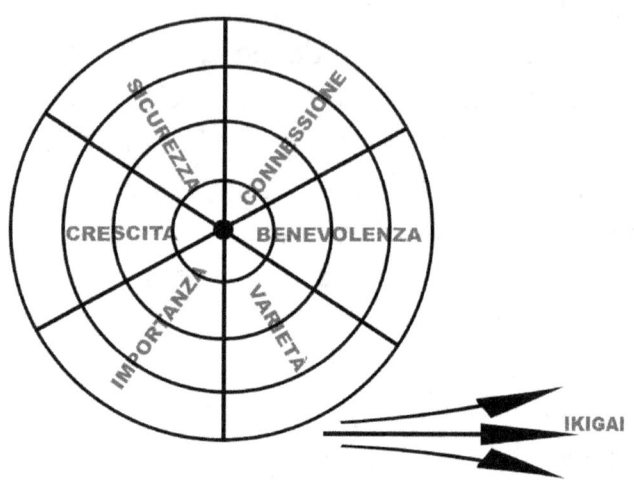

Come vedi la ruota è formata da sei spicchi. Ad ogni spicchio corrisponde uno dei sei bisogni. Ogni tacca, partendo dal centro, corrisponde a quanto il rispettivo bisogno è attualmente soddisfatto nella tua vita.
Prendi la tua matita colorata preferita, torna nel tuo tempio sacro, respira e...

Colora tante tacche quanto credi sia soddisfatto il bisogno in considerazione. Completa tutti i sei bisogni. Come risulta la tua ruota? Ben proporzionata? Probabilmente no.

Immagina una ruota non perfettamente rotonda. Come pensi che si muova? Esatto questo è il modo in cui la gente di solito si muove nella vita.

Per una buona esistenza la ruota deve essere ben equilibrata. Immagina di prendere dei contraccolpi perché alcuni spicchi meno sviluppati non toccano terra, non è proprio un bel modo di viaggiare. La buona notizia è che puoi lavorare alla tua ruota.

Gli ultimi due bisogni, quello di crescita e quello di benevolenza, come vedi sono opposti. Se gli altri quattro sono parimenti ben sviluppati puoi comunque viaggiare, ma tale viaggio non è per nulla soddisfacente. L'ideale è creare una ruota perfettamente equilibrata. Inoltre, come avrai già intuito, una ruota più grande viaggia più velocemente e richiede meno sforzi. Espandi la tua ruota.

Ti faccio infine notare che la ruota va in una sola direzione, quella dell'inesorabile scorrere del tempo, non puoi fermarti, non puoi tornare indietro, tutto ciò che importa è il momento presente mentre sei proiettato al futuro. L'unica cosa che puoi fare è migliorare la tua ruota mentre è in viaggio. Puoi solo costruire su ciò che hai oggi e non importa quanto ti manca alla fine, o quanto poco hai costruito finora, tutto ciò che conta è quanto vuoi lavorare alla tua ruota, oggi.

<< *L'unica cosa che puoi fare è migliorare la tua ruota mentre è in viaggio*>>.

Come vuoi che sia la tua ruota?

I TUOI VALORI FONDAMENTALI

Quello che ti sto per proporre è un breve esercizio che ti darà ulteriore supporto nella tua realizzazione personale verso il raggiungimento degli obiettivi. Come hai scoperto nei precedenti capitoli, basare le proprie scelte su scopi profondi che nascono dal cuore è fondamentale per riuscire nella vita. Se non si hanno forti motivazioni non si arriva da nessuna parte. Per coltivare le nostre motivazioni occorre fare costantemente riferimento anche al nostro sistema di valori. Durante la vita, grazie alle tue esperienze, alla formazione, ai viaggi, alla conoscenza, agli eventi, etc., avrai costruito il tuo personale sistema di valori. Il tuo inconscio tende a farti "operare" sotto la guida di tali valori. Per esempio, se per te è importante dare un contributo positivo al mondo (il tuo valore) molto probabilmente il tuo inconscio ti dirà, tra le altre cose, di non gettare mai una cartaccia per terra (il tuo comportamento). I tuoi comportamenti sono il risultato del tuo sistema di valori.

<< I tuoi comportamenti sono il risultato del tuo sistema di valori>>.

Immagina di agire non più in maniera istintiva attraverso il tuo subconscio ma con un certo grado di coscienza sulla base dei tuoi valori fondamentali. Sarai più preciso e chiaro nella definizione dei tuoi obiettivi e saprai meglio riconoscere le distrazioni che ti allontanerebbero dal raggiungimento dei tuoi traguardi. Inoltre, avere una chiara visione dei propri valori, permette di mantenere alta la motivazione. Diverse ricerche hanno mostrato che le performance migliori in tutti i settori (dallo sport alla scrittura, dalla dieta all'arte) sono raggiunte dagli individui con il più alto livello di motivazione. Tale livello è spesso legato proprio al personale sistema di valori, soprattutto di valori che trascendono la propria persona. Il seguente esercizio serve a far emergere alla tua coscienza il sistema di valori che giace sotto lo strato del tuo inconscio.

Torna nel tuo angolo sacro. Sorridi. Fai la respirazione quadrata e affronta il prossimo esercizio.

La respirazione quadrata *riduce lo stress e ripulisce i polmoni*.
Nel mondo stressato e stressante di oggi siamo sempre di fretta, e siamo sempre pronti alla famosa risposta "combatti o fuggi". Questo implica che la nostra respirazione è sempre superficiale.

La nostra respirazione coinvolge troppo spesso solo i primi strati dei polmoni facendo in modo che le parti più profonde restino con l'aria meno pulita.
Quando fai la respirazione quadrata si avvia un meccanismo di pulizia dei polmoni, oltre ad una maggiore ossigenazione.
Nel momento in cui inali, prendendo quanta più aria riesci, fai in modo che i polmoni si riempiano completamente, cosa che nella respirazione normale purtroppo non avviene.
Quando successivamente trattieni il fiato garantisci il processo di espansione del gas (l'aria inalata) in tutto il volume polmonare contribuendo ad una più efficace miscelazione con l'aria che era rimasta in precedenza.
Espirando per un tempo più lungo del solito fai uscire la maggior parte dell'aria, adesso sporca, assicurando maggior spazio per l'aria pulita nell'inspirazione successiva.
Quando chiudi il quadrato, trattenendo ancora il fiato, la poca aria rimasta all'interno cercherà di espandersi in tutto il volume e permetterà una migliore miscelazione con l'aria che lascerai entrare nel ciclo successivo.
Avrai così, in pochi cicli, letteralmente ripulito i tuoi polmoni.

———

Pronto per l'esercizio.
Armato della tua matita colorata sottolinea cinque parole tra quelle di seguito. Non si tratta una lista esaustiva quindi se te ne viene in mente qualcuna non presente nella lista, aggiungila pure.

I VALORI:

Coraggio. Gioia. Compassione. Amore. Entusiasmo. Salute. Calma. Divertimento. Cooperazione. Onestà. Indipendenza. Comunità. Creatività. Equilibrio. Privacy. Relazioni. Prudenza. Amicizia. Supremazia. Serenità. Educazione. Ottimismo. Emozione. Comunione. Eccellenza. Accettazione. Clemenza. Empatia. Esperienza. Eredità. Allegria. Servizio. Castità. Competenza. Lavoro. Prestigio. Pazienza. Gentilezza. Intimità. Bontà. Impegno. Beneficienza. Potere. Speranza. Responsabilità. Inclusione. Perdono. Abbondanza. Pragmatismo. Libertà. Preparazione. Lealtà. Motivazione. Altruismo. Risultati. Comprensione. Lotta. Abilità. Compromessi. Correttezza. Fama. Famiglia. Efficacia. Inspirazione. Apertura. Affetto. Iniziativa. Perseveranza. Credibilità. Crescita. Natura. Astuzia. Assistenza. Minimalismo. Umanità. Coerenza. Religione. Vulnerabilità. Umorismo. Forza. Democrazia. Devozione. Utilità. Denaro. Ordine. Verità. Visione. Giustizia. Rischio.

Orgoglio. Gratitudine. Grazia. Benessere. Pace. Purezza. Ecologia. Sfida. Sicurezza. Tempo. Positività. Spiritualità. Saggezza. Gruppo. Igiene. Carriera. Etica. Raggiungimento. Intelligenza. Sincerità. Piacere. Semplicità. Solidarietà. Efficienza. Competenza. Dignità. Tradizione. Autocontrollo. Reputazione. Vitalità. Affidabilità. Appartenenza.

PERSONALIZZO I MIEI VALORI:

Per ciascuno dei valori che hai selezionato dalla lista scrivi di seguito una o due frasi che lo personalizzino, ovvero che lo rendano più personale per te, scrivi come il valore ti rispecchia o cosa significa per te.

1. IL MIO VALORE _____ :

....
....
....
....

2. IL MIO VALORE _____ :

....
....

....
....

3. IL MIO VALORE _____ :

....
....
....
....

4. IL MIO VALORE _____ :

....
....
....
....

5. IL MIO VALORE _____ :

....
....
....
....

Adesso ordina i tuoi valori in ordine decrescente di importanza. Il primo è quello decisamente più importante per te, il secondo lo segue per importanza e così via per tutti e cinque.

I MIEI VALORI IN ORDINE DI IMPORTANZA:

1. ....
2. ....
3. ....
4. ....
5. ....

Benissimo. Adesso tenendo conto dell'importanza dei tuoi valori scrivi il tuo *sistema*. Componi un periodo di senso compiuto mescolando insieme i cinque valori che hai selezionato nell'ultima lista e le rispettive personalizzazioni.
Così troverai condensato il tuo sistema di valori.

IL MIO SISTEMA DI VALORI:

....
....
....
....
....

Un buon sistema di valori dovrebbe essere in linea con il tuo ikigai e con la ruota di buona esistenza. Se non lo fosse, non ti preoccupare, in ogni caso hai un ulteriore strumento da portare sempre con te per aiutarti a fare scelte oculate verso i tuoi obiettivi.

Puoi avvantaggiarti di quanto hai scoperto fin qui usando il seguente stratagemma.
Mai sentito parlare di mantra?
Mantra deriva dal sanscrito e significa "strumento del pensiero". Nelle culture asiatiche è utilizzato come una formula ripetuta molte volte in un processo meditativo con potere quasi mistico. Quasi. Perché non si tratta di misticismo ma di pratica scienza. Ripetere più volte una data formula consolida le connessioni neurali che codificano l'insieme di informazioni contenute in essa.
Scrivi il tuo ikigai e il tuo sistema di valori in un post-it e appiccicalo nei posti che sei costretto a guardare molto spesso, per esempio nello specchio del bagno in modo che ogni mattina al risveglio lo leggerai. Puoi scriverlo sul desktop del tuo pc per ricordartene anche mentre lavori. Ripetilo anche di notte, prima di andare a dormire. Sii creativo, inventa pure il tuo modo. L'importante è che fai in modo di leggerlo ripetutamente. Per il tuo cervello diventerà un mantra molto potente.
È stato dimostrato, da alcune ricerche scientifiche, che usare i cosiddetti "self-talk" ovvero parlare a se stessi (quindi usare i mantra) può aumentare

significativamente le performance e la produttività poiché attenua le emozioni negative, azzittisce l'ego e consolida le emozioni positive. Tu vuoi sicuramente raggiungere la massima felicità e la piena realizzazione personale perciò usa lo "strumento del pensiero", sii l'uomo di scienza, usa la tecnica del mantra.

PARTE III

L'ARTE E LA SCIENZA DI FARE PIANI

IL POTERE DEGLI OBIETTIVI

Eccoci pronti a stabilire la rotta della vita verso il tuo ikigai. L'esercizio che segue è un esercizio che dura tutta la vita. Si, esatto. Gli obiettivi sono in costante evoluzione, mutano costantemente. È come nella navigazione quando sei diretto verso una meta. Alcuni traguardi, una volta superati, saranno dietro di te; si tratta degli obiettivi che avrai raggiunto e che ti hanno permesso di arrivare fin lì. Ma ci saranno sempre nuovi traguardi e nuovi obiettivi che faranno parte della tua rotta. Allo stesso tempo ci saranno punti di arrivo che prima ti sembravano importanti e in seguito non lo saranno più. Si tratta sempre di un processo in divenire, imparerai anche come revisionare le tue strategie per essere efficace nel raggiungimento dei tuoi veri obiettivi.

Preparati, come ormai hai imparato a fare, torna al tuo tempio sacro, riproduci il tuo luogo delle decisioni, sorridi, fai la respirazione quadrata.

Adesso, per l'esercizio che segue prendi un timer o usa quello del tuo cellulare, impostalo a quindici minuti. Scrivi di seguito una lista di obiettivi che rispondano alla domanda.

Cosa voglio fra 1-10 anni?

Scrivi più voci che puoi, meglio se più di 50-60 e

fallo senza pensarci molto, non pensare ai dettagli (non in questa fase). Se vuoi un aiuto prova a rispondere alle domande:
Cosa voglio fare/realizzare?
Cosa voglio essere/diventare?
Cosa voglio vedere/sentire/provare?
Cosa voglio avere/ottenere?
Dove voglio andare/essere?
Cosa voglio dare/donare?

COSA VOGLIO FRA 1-10 ANNI?:

....
....
....
....
....
....
....
....
....
....
....
....
....

Adesso rileggi la lista di obiettivi che hai appena stilato. Accanto a ciascuna voce scrivi il numero di anni che prevedi sia necessario per raggiungerli dividendoli in obiettivi da 1, 3, 5 o 10 anni.

Se pensi che una voce corrisponda ad un obiettivo che puoi raggiungere in un anno scrivi "1". Se pensi che una voce corrisponda ad un obiettivo che puoi raggiungere in tre anni scrivi "3". Per gli obiettivi che pensi richiedano cinque anni scrivi "5". Per quelli più lunghi scrivi "10".

Una lista degli obiettivi *equilibrata* dovrebbe essere ben ripartita nelle quattro categorie. Col tempo imparerai ad equilibrare la lista. Ricorda che questo è un ulteriore strumento per conoscere te stesso poiché se, ad esempio, hai molti obiettivi a dieci anni e pochi a un anno probabilmente tendi a procrastinare e non hai ancora preso la decisione di agire. Lavora allora su questo tuo aspetto e in tal senso imporre una data farà una differenza enorme. Viceversa se hai pochi obiettivi a lungo termine probabilmente ancora non hai deciso il tipo di vita che vuoi costruire. Per farlo, ritorna alla prima parte del libro e impara ad "ascoltare" il tuo ikigai.

Se necessario prova a riequilibrare il tuo elenco di obiettivi. Adesso che hai un elenco equilibrato scegli cinque obiettivi per ciascuna delle quattro categorie temporali. Avrai quindi venti obiettivi.

Per ciascuno di essi svolgi l'esercizio che segue.
Scrivi una descrizione dettagliata di ciò che vuoi. Che sia un oggetto materiale o qualcosa di astratto come il lavoro che desideri. Scrivi tutti i particolari, altezza, lunghezza, peso, colore, sapore, odore, emozioni, modello, valore, nome del ruolo, mansione, numero di collaboratori, sensazioni, premi, riconoscimenti, tutto ciò che rende unico e interessante quell'obiettivo, scrivilo.

Scrivi inoltre il motivo per cui lo vuoi. In questa fase scoprirai se lo vuoi davvero o se si tratta solo di una smania del momento. Se non riesci a trovare la ragione e a scriverla in maniera chiara allora si tratta di un capriccio.

Assicurati sempre che gli obiettivi scelti siano in linea con la tua ragion d'essere. Non puoi più correre il rischio di non realizzare il tuo successo e la tua felicità.

1. IL MIO OBIETTIVO _____:
DESCRIZIONE/COSA VOGLIO ESATTAMENTE:

....
....
....
....
....
....

PERCHÉ LO VOGLIO:

....
....
....
....
....
....

2. IL MIO OBIETTIVO _____:
DESCRIZIONE/COSA VOGLIO ESATTAMENTE:

....
....
....
....
....
....

PERCHÉ LO VOGLIO:

....
....
....
....

....
....

3. IL MIO OBIETTIVO _____:
DESCRIZIONE/COSA VOGLIO ESATTAMENTE:

....
....
....
....
....
....

PERCHÉ LO VOGLIO:

....
....
....
....
....
....

4. IL MIO OBIETTIVO _____:
DESCRIZIONE/COSA VOGLIO ESATTAMENTE:

....
....
....
....
....
....

PERCHÉ LO VOGLIO:

....
....
....
....
....
....

5. IL MIO OBIETTIVO _____:
DESCRIZIONE/COSA VOGLIO ESATTAMENTE:

....
....
....

....
....
....

PERCHÉ LO VOGLIO:

....
....
....
....
....
....

6. IL MIO OBIETTIVO _____:
DESCRIZIONE/COSA VOGLIO ESATTAMENTE:

....
....
....
....
....
....

PERCHÉ LO VOGLIO:

....
....
....
....
....
....

7. IL MIO OBIETTIVO _____:
DESCRIZIONE/COSA VOGLIO ESATTAMENTE:

....
....
....
....
....
....

PERCHÉ LO VOGLIO:

....
....
....
....

....
....

8. IL MIO OBIETTIVO _____:
DESCRIZIONE/COSA VOGLIO ESATTAMENTE:

....
....
....
....
....
....

PERCHÉ LO VOGLIO:

....
....
....
....
....
....

9. IL MIO OBIETTIVO _____:
DESCRIZIONE/COSA VOGLIO ESATTAMENTE:

....
....
....
....
....
....

PERCHÉ LO VOGLIO:

....
....
....
....
....
....

10. IL MIO OBIETTIVO _____:
DESCRIZIONE/COSA VOGLIO ESATTAMENTE:

....
....
....

....
....
....

PERCHÉ LO VOGLIO:

....
....
....
....
....
....

11. IL MIO OBIETTIVO _____:
DESCRIZIONE/COSA VOGLIO ESATTAMENTE:

....
....
....
....
....
....

PERCHÉ LO VOGLIO:

....
....
....
....
....
....

12. IL MIO OBIETTIVO _____:
DESCRIZIONE/COSA VOGLIO ESATTAMENTE:

....
....
....
....
....
....

PERCHÉ LO VOGLIO:

....
....
....
....

....
....

13. IL MIO OBIETTIVO _____:
DESCRIZIONE/COSA VOGLIO ESATTAMENTE:

....
....
....
....
....
....

PERCHÉ LO VOGLIO:

....
....
....
....
....
....

14. IL MIO OBIETTIVO _____:
DESCRIZIONE/COSA VOGLIO ESATTAMENTE:

....
....
....
....
....
....

PERCHÉ LO VOGLIO:

....
....
....
....
....
....

15. IL MIO OBIETTIVO _____:
DESCRIZIONE/COSA VOGLIO ESATTAMENTE:

....
....
....

....
....
....

PERCHÉ LO VOGLIO:

....
....
....
....
....
....

16.IL MIO OBIETTIVO _____:
DESCRIZIONE/COSA VOGLIO ESATTAMENTE:

....
....
....
....
....
....

PERCHÉ LO VOGLIO:

....
....
....
....
....
....

17. IL MIO OBIETTIVO _____:
DESCRIZIONE/COSA VOGLIO ESATTAMENTE:

....
....
....
....
....
....

PERCHÉ LO VOGLIO:

....
....
....
....

....
....

18. IL MIO OBIETTIVO _____:
DESCRIZIONE/COSA VOGLIO ESATTAMENTE:

....
....
....
....
....
....

PERCHÉ LO VOGLIO:

....
....
....
....
....
....

19. IL MIO OBIETTIVO _____:
DESCRIZIONE/COSA VOGLIO ESATTAMENTE:

....
....
....
....
....
....

PERCHÉ LO VOGLIO:

....
....
....
....
....
....

20. IL MIO OBIETTIVO _____:
DESCRIZIONE/COSA VOGLIO ESATTAMENTE:

....
....
....

....
....
....

PERCHÉ LO VOGLIO:

....
....
....
....
....
....

Ben fatto. Adesso, riscrivi di seguito i tuoi venti obiettivi. Prima potrebbe essere necessaria un'ulteriore revisione. Prima di trascriverli assicurati che ciascun obiettivo sia S.M.A.R.T.

S=Specific (Specifico)
M=Measurable (Misurabile)
A=Attainable (Realizzabile)
R=Relevant (Rilevante)
T=Timed (Temporizzabile)

Se hai svolto bene l'esercizio precedente i tuoi obiettivi dovrebbero già risultare SMART. In tal caso scrivili di seguito, altrimenti sistema quelli che non soddisfano questi criteri e solo dopo completa la tua lista.

I MIEI 20 OBIETTIVI SONO:

1 ....
2 ....
3 ....
4 ....
5 ....
6 ....
7 ....
8 ....
9 ....
10 ....
11 ....
12 ....
13 ....
14 ....
15 ....
16 ....
17 ....
18 ....
19 ....
20 ....

Come avrai notato ti chiedo spesso di riscrivere le tue liste o di rileggerle. È necessario per assicurarci che ciò che impari su te stesso resti impresso nella tua memoria in maniera efficace. Questo metodo consolida le connessioni neurali che cominciano a codificare le nuove informazioni sulla tua nuova vita. In breve ne sarai più consapevole, più a lungo e con più energia.

A proposito di ripetizione, adesso ti affido il compito più importante di tutti.

Adesso ti affido davvero il compito più importante.

Scegli un giorno della settimana in cui rivedrai la tua lista, immancabilmente.

In quel giorno della settimana, ogni settimana rivedi la tua lista e valuta se gli obiettivi sono ancora importanti e se effettivamente ti stai dando da fare per realizzarli (se così non fosse probabilmente le tue ragioni non sono molto forti, per cui vale la pena scegliere un obiettivo con ragioni più forti).

Io di solito lo faccio di domenica, all'imbrunire, nel mio posto sacro (ovviamente), quando sono rilassato, posso valutare come è andata la settimana precedente e mantenere la mente organizzata per la settimana che segue. Tu scegli il tuo. E scrivilo.

IL MIO GIORNO É: _____

OBIETTIVI A BREVE TERMINE

Gli obiettivi a breve termine sono quegli obiettivi realizzabili in meno di un anno. Alcuni in un giorno, altri in qualche settimana, altri ancora in diversi mesi. Si tratta di obiettivi in linea con gli obiettivi più grandi e sempre nella direzione del tuo ikigai. La cosa bella degli obiettivi a breve termine è che ti permetteranno di tracciare i tuoi risultati e ti daranno maggiore fiducia nella tua capacità di disegnare e realizzare la vita che desideri. La parte più divertente è spuntarli, fatto!

Ogni volta che realizzi un obiettivo a breve termine, premiati. Che sia un piccolo premio o qualcosa di importante, riconosci i tuoi sforzi e permetti alla tua fiducia e al tuo orgoglio di crescere. Nel tempo sarai sempre più convinto di poter realizzare obiettivi molto più grandi che prima pensavi impossibili; per questo gli obiettivi a breve termine sono anche chiamati *costruttori di fiducia*. Realizzare gli obiettivi a breve termine fa crescere la fiducia nelle tue capacità di realizzare obiettivi più grandi.

<< Realizzare gli obiettivi a breve termine fa crescere la fiducia nelle tue capacità di realizzare obiettivi più grandi >>

Tra gli obiettivi a breve termine puoi includere

mansioni e compiti che la vita ti richiede ma non dimenticare mai che devono essere tutti allineati al tuo ikigai. Se non lo sono, delega o impara a dire di no, per quanto difficile possa sembrare. L'uomo della strada direbbe <<Ma certe cose vanno fatte>>. Sono sicuro che ormai tu non farai più parte di quel gruppo di persone che dà ascolto all'uomo della strada. L'uomo di scienza capisce che nonostante alcune cose vadano fatte, le priorità sono la felicità e la realizzazione personale. Non abbiamo la possibilità di rinascere e vivere la vita due volte. Dunque ciò che va fatto va fatto, ma solo se è in linea con il tuo personale ikigai.

Come individuare gli obiettivi a breve termine? Usa la linea magica.

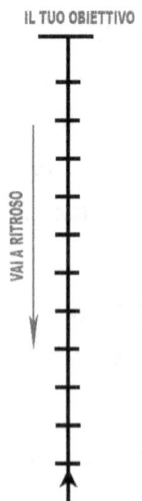

Scegli uno dei tuoi obiettivi a lungo termine oppure qualsiasi altro obiettivo che vuoi realizzare. È quella la direzione che vuoi dare alla tua vita giusto? Bene. Scrivi l'obiettivo scelto in cima alla linea magica.

Adesso chiediti: "per raggiungere questo obiettivo cosa devo fare immediatamente prima?". Andando a ritroso, quale sarebbe l'ultimo passo per poter raggiungere il tuo obiettivo?

Procedi verso il basso nella linea magica.

Questo sarà il nuovo obiettivo finale. Per raggiungerlo cosa dovresti fare immediatamente prima?

Procedi così, a ritroso fino a ritrovarti con una lista di passi che ti porteranno all'obiettivo in cima.

Se in un qualsiasi punto della linea ti ritrovi con più obiettivi simultaneamente, per prima cosa impara a dare la precedenza a quello che credi ti darebbe i maggiori risultati (ma scrivili entrambi) e procedi con quello. Potresti usare l'altro in cima ad una nuova linea magica se lo ritieni opportuno.

Se ti accorgi che le linee magiche cominciano a proliferare, questo potrebbe essere un segno che i tuoi obiettivi non sono S.M.A.R.T., prova a rivederli.

Quando riesci a procedere nella linea magica in maniera quasi lineare, vuol dire che sei sulla strada giusta.

Dall'esperienza con i miei clienti, una buona linea di obiettivi a breve termine è composta, in media, da otto-dieci passi.

Perché procedere a ritroso? Bravo, bella domanda. La risposta è molto semplice: se procedessi dal punto in cui sei oggi al punto in cui vuoi arrivare, dubbi di fattibilità ed emotività ti impedirebbero di scegliere i passi in maniera razionale; lasceresti così dei vuoti (obiettivi altrimenti necessari) tra i passi utili a raggiungere con efficacia il tuo obiettivo. Inoltre, ad ogni punto che metteresti nella linea, emergerebbe il tuo *Io* emotivo, pieno di dubbi, paure, ego, sconforto, incomprensione per i grandi passi etc..

Procedendo a ritroso invece, bypassi il tuo *Io* emotivo e riesci a disegnare una strategia perfettamente razionale e realmente mirata ai tuoi obiettivi. In tal mondo non permetterai ai tuoi dubbi di intervenire. Ti assicuro che la grande differenza tra le persone di successo e le persone che non riescono sta proprio nell'abilità di zittire i dubbi e le paure.

> << *La grande differenza tra le persone di successo e le persone che non riescono sta proprio nell'abilità di zittire i dubbi e le paure* >>.

Tu sei ormai un uomo di scienza e di certo non vuoi che dubbi, paure ed ego impediscano il raggiungimento dei tuoi obiettivi. Procedi a ritroso.

Stai attento a non porti i cosiddetti *obiettivi da morto*. Ogni obiettivo che consiste nel "non fare" o "smettere di fare" qualcosa è un obiettivo da morto. Tutto ciò che potresti "fare" da morto non ti porterà mai al raggiungimento dei tuoi obiettivi. Smettere di mangiare dolci è un obiettivo da morto, iniziare a mangiare molti vegetali e proteine (in modo da placare il senso di fame e abbassare il livello di zuccheri) è un ottimo obiettivo.
Procedi nella linea magica fino ad avere otto-dieci passi. Quando hai finito, l'obiettivo in basso alla linea è il primo passo da compiere adesso.
Non fra qualche giorno o settimana, adesso o al più domani. Integra questo nella tua quotidianità finché non potrai marcarlo come "completato". Che bella soddisfazione!
A quel punto puoi risalire e conquistare l'obiettivo immediatamente successivo.
La parte bella di questa tecnica è che ti ritroverai con una lista di cose da fare. La magia di tale lista è che sai esattamente cosa va fatto e una volta terminato potrai spuntarlo. Che meraviglia.
Un consiglio: scegli obiettivi appena al di sopra del livello che credi tu possa raggiungere. Non c'è niente di più gratificante di impostare gli obiettivi di poco al di sopra del limite di ciò che credi possibile e poi realizzarli.

Fantastico!

A questo punto ti starai chiedendo quale strategia esiste per realizzare ogni singolo obiettivo. Te lo svelo nel prossimo capitolo.

IL GRANDE SEGRETO PER RAGGIUNGERE TUTTI GLI OBIETTIVI

Ti sto per svelare il più grande segreto per raggiungere tutti gli obiettivi nella vita. Probabilmente finora te lo hanno nascosto, hanno preferito tenerti all'oscuro, hanno voluto tenere il segreto tutto per loro. È giunto il momento che anche tu entri a conoscenza del più grande segreto per raggiungere tutti i tuoi traguardi nella vita professionale, personale e per realizzare ogni obiettivo grande o piccolo che sia. Forse ti hanno illuso dicendoti che ci vuole fortuna, che ci vuole sacrificio, che serve forza di volontà, che bisogna essere predisposti, che bisogna trovarsi nell'ambiente giusto, circondato dalle persone giuste ed essere presenti al momento giusto. Tutto ciò non è altro che una copertura per nasconderti il vero e unico segreto. Adesso io te lo rivelo.

Qualunque siano i tuoi obiettivi nella vita, qualunque sia il traguardo che ti piacerebbe raggiungere, il grande segreto per realizzarlo è farlo.

Te lo ripeto, il più grande segreto per raggiungere i tuoi obiettivi è farlo.

Agire, muoversi, fare. Fai qualunque cosa, fallo. Punto.

> *Il più grande segreto per raggiungere i tuoi obiettivi è farlo*.

L'azione è la chiave di tutto. La roba che ti hanno raccontato finora è falsa. Tutte le storie che hai raccontato a te stesso non sono altro che buone vecchie scuse. Sono il tuo ego, la tua emotività, la tua paura (anche, anzi soprattutto, se non la riconosci come tale) che ti hanno trattenuto e che continueranno a farlo finché non ti accorgi di quello che ti sto dicendo. Tu di certo non ragioni più da uomo della strada, bensì da uomo di scienza. L'uomo di scienza comprende che deve agire per cambiare la sua situazione, in ogni aspetto della vita, che deve compiere piccoli passi verso la meta prefissata. Il segreto poi non sono tanto i passi ma l'atto stesso di compierli. L'uomo di scienza non trova scuse, l'uomo di scienza agisce. Se nel processo di raggiungimento dei tuoi obiettivi ti ritrovi a dare spiegazioni sul perché non riesci a realizzarli allora, caro lettore, questo è un chiaro segno che ti stai raccontando delle scuse. Tu vuoi scuse o risultati?

I passi e le strategie sono essenziali ma le hai già stabilite negli esercizi precedenti. Adesso non devi più pensare, devi agire. Fai quei dannatissimi passi che hai scritto per raggiungere i tuoi

obiettivi. Fallo adesso. Non pensare, agisci. Ti faccio notare che negli esercizi precedenti ti sei concentrato sui passi da fare e proseguendo a ritroso nella linea magica non hai dubitato della fattibilità dei singoli passi. Sapevi che andava fatto, non ti sei chiesto se tu puoi riuscirci, se ne sei all'altezza, se ne sei in grado.
E se davvero non ci riuscissi? Diresti tu.
Bene, le strategie che hai scritto come passi per portarti al raggiungimento dei tuoi obiettivi sono appunto delle strategie, non sono delle leggi universali.
Se, dopo un tempo di prova ragionevolmente lungo non funzionano cambiale. Il trucco qui risiede nelle parole "ragionevolmente lungo". Deve essere abbastanza lungo da vedere eventuali risultati, e tu devi darti il tempo di padroneggiare le strategie che starai adottando, ma non troppo lungo da diventare frustrante nel caso in cui i risultati fossero minimi o assenti.
Se le strategie non funzionano, scrivi altre strategie, altri obiettivi intermedi, sempre in linea con il tuo ikigai e i tuoi valori, che pensi possano portarti verso gli obiettivi a lungo termine. Dopodiché usale. Fallo. Non pensare più, agisci.
In effetti esistono due casi, solamente due casi, in cui puoi fallire nel raggiungimento dei tuoi obiettivi, quando smetti di agire e quando muori.

<< Esistono due casi, solamente due casi, in cui puoi fallire nel raggiungimento dei tuoi obiettivi, quando smetti di agire e quando muori >>.

Tutti gli altri casi sono solo delle scuse.
Se non sei già morto, puoi ancora cambiare le cose.
Attua le tue strategie. Non essere l'uomo della strada. Sii l'uomo di scienza. Agisci. Fallo.

PICCOLI TRUCCHI CHE FANNO UNA GRANDE DIFFERENZA

Ti ho svelato qual è il grande segreto per raggiungere tutti i tuoi obiettivi, adesso spero non avrai più scuse e comincerai ad agire. Se continui ad avere difficoltà e hai bisogno di una consulenza personalizzata, scrivimi all'indirizzo email cinardicoaching@gmail.com e prenota la tua sessione di coaching individuale.
Di seguito ti spiego le nove tecniche che fanno la differenza.
In questo capitolo scoprirai alcune delle tecniche che insegno nelle mie sessioni di coaching che potrebbero fare la differenza e farti risparmiare mesi o anni nel raggiungimento dei tuoi obiettivi e quindi del tuo successo e della tua felicità. Per essere guidato da me personalmente scrivi all'indirizzo email citato sopra.
Scegli le tecniche che ti ispirano di più o provale tutte. Sono perfettamente integrabili nella vita quotidiana e sono ben legate tra di loro. Anzi, se cominci ad usarle tutte vedrai che ognuna ti porterà miglioramenti nelle altre ed insieme faranno arrivare alle stelle le tue performance, la tua capacità di realizzare sogni e obiettivi, il tuo successo e la tua felicità.

Eccole.

LA TECNICA DEL DOPPIO

Come hai imparato, la cosa più importante è l'azione. Ho un'ottima notizia per te. Se l'azione funziona, l'azione massiva fa miracoli. Non c'è niente di più potente che eseguire ogni giorno tutte le azioni che hai previsto e farlo due volte. Devi fare dieci chiamate al giorno? Fanne venti. Devi camminare per trenta minuti al giorno? Fallo per un'ora. Devi leggere cinquanta pagine? Leggine cento.

Scrivi di seguito le azioni che hai previsto di fare questa settimana, ricorda che devono essere quantificabili, e accanto scrivi il doppio. Scrivi, non pensare di tenerlo a mente. É incredibile il potere che ha l'atto motorio di trasferire i pensieri sulla carta.

....
....
....
....
....
....
....
....

LA TECNICA DEL TENERE TRACCIA

Come fai a sapere che stai proseguendo nella strada giusta? Come fai a sapere che stai anche solo proseguendo? Credimi, non ti basta sapere che lo fai, occorre che tu lo scriva, occorre che tu guardi i numeri, da vero uomo di scienza. Alla fine del libro, nelle pagine lasciate in bianco prendi appunti, scrivi ciò che lascia un segno su di te, dopotutto questa è la tua personalissima agenda di trasformazione, ma soprattutto crea grafici, tabelle e quant'altro trovi utile per tenere traccia dei tuoi risultati. È sufficiente scrivere una tabella con in alto la quantità di "ciò che devi fare" ogni giorno. In una colonna scrivi la lista dei giorni in cui devi eseguire il compito, per ultimo quindi il giorno in cui prevedi di finire. È importante che scrivi la lista dei veri giorni dell'anno e non un elenco di numeri (giorno primo, giorno secondo, etc., non vanno bene). Escludi i giorni in cui hai stabilito in anticipo di non lavorare a quel progetto. Nell'altra colonna scrivi il numero corrispondente

Esame universitario = 30 pagine al giorno	
Giorno	# di pagine studiate
03 Sett	30
04 Sett	30
05 Sett	31
06 Sett	26
⋮	⋮
08 Ott	32
⋮	⋮
10 Nov	35

al lavoro effettivamente eseguito quel giorno, scrivi il lavoro che hai fatto solo quando hai davvero concluso la giornata operativa. In questo modo ti accorgerai che se non rispetti la tua tabella di marcia non raggiungerai l'obiettivo nel giorno prefissato. Ogni giorno guardando i giorni precedenti potrai decidere di recuperare la differenza tra il lavoro svolto e quello che avresti dovuto svolgere. Ricopia la tabella della figura.

Applica questa tecnica allo studio, al lavoro, alle vendite, vedrai risultati pazzeschi.

Oppure usa qualsiasi altro modo creativo che ti viene in mente per tenere traccia dei tuoi

progressi, ma fallo per iscritto, lascia perdere le app o gli schermi, sono utili ma non cosi efficaci come il buon vecchio scrivere. Ricordi il discorso sui costruttori di fiducia?
É incredibile il potere di un foglio vuoto. Come per la tua vita, in una pagina bianca sei tu a scegliere cosa scrivere.

> << *Come per la tua vita, in una pagina bianca sei tu a scegliere cosa scrivere.*>>

LA TECNICA DELL'AUTODISCIPLINA

Su questo argomento servirebbe un intero libro. Essendo però una tecnica da integrare insieme a molte altre, sarò breve.
Se tu mi chiedessi quale è l'abilità più importante che un uomo deve coltivare per raggiungere felicità e successo, ti risponderei: l'autodisciplina.
In accordo con quanto hai imparato nel capitolo precedente, devi agire. L'autodisciplina consiste proprio nell'agire nonostante tutto. Non aspettare che le condizioni siano buone, che tu ne abbia voglia, che il mondo sia diverso, che, che, che....
Hai fatto i piani per i tuoi obiettivi, hai capito che devi agire, stai agendo, fallo ogni giorno. Presentati ogni giorno al cospetto della tua disciplina. Ecco il trucco, immagina che ci sia il giudice più severo e incorruttibile di tutti, il tuo *Io*

del futuro lontano, proprio di fronte a te. Pensa che sia in punto di morte e che guardi indietro a quei passi non compiuti, a quel giorno sprecato, a quella occasione mancata, a quella vita non venuta bene. Cosa ti direbbe?
Rispetta il tuo *Io* del futuro lontano, sii disciplinato, fallo ogni giorno.

LA TECNICA DEL PARTNER DI RESPONABILITÀ

Sai cosa è meglio di inseguire i propri obiettivi? Farlo in due. La tecnica del doppio si applica anche qui. Trova una persona con cui condividere non gli obiettivi ma il percorso, i metodi e il raggiungimento dei traguardi. Trova un partner di responsabilità. Può essere una persona che conosci. In questo caso fai attenzione, perché se la persona non è positiva o non ha la tua stessa "fame" per il raggiungimento dei traguardi e per la soddisfazione personale, potrebbe diventare un ostacolo anziché un supporto. Quasi sicuramente non ti spingerebbe a superare i tuoi limiti, anche se ti vuole bene. Cerca il partner giusto. Se lo conosci già, gliene hai parlato e accetta, se pensi che con lui potrebbe funzionare, allora fai quanto descritto fra poche righe, altrimenti il mio miglior consiglio per te è di trovare un partner di responsabilità che non conosci ancora. Quindi ti consiglio di affidarti ad una persona che non conosci ma che ha la tua stessa fame e che non vede l'ora di realizzare i propri sogni. In questo modo non corri il rischio che qualcuno, proprio per il legame che esiste tra di voi, possa risparmiarti critiche in caso di non riuscita; in quel caso potrebbe accettare le tue giustificazioni (ops le tue scuse). Quindi esci dalla zona di comfort e trova un partner di responsabilità che ancora non conosci. Dove trovarlo? Potresti trovare la persona che cerchi anche in un bar o mentre fai la spesa, o tra i tuoi contatti indiretti ma se vuoi essere certo di trovare persone motivate come te iscriviti alla nostra community su Facebook: **Golden Planner - The community**. Scrivi: <<Cerco un partner di responsabilità, chi vuole realizzare i propri sogni?>>. Ci sono sempre persone con nuovi obiettivi pronti a supportarti e chiedere il tuo supporto. Potrebbe anche nascere una lunga amicizia. Fantastico!

Trovata la persona giusta parlale del progetto che hai in mente per la tua vita, condividi il tuo ikigai, permettile di leggere questo libro e assicurati che siate d'accordo sulle unità di misura con le quali valutare il raggiungimento degli obiettivi. Per esempio, se devo scrivere cinquecento parole al giorno per completare questo libro, ogni sera alle

18:00 le manderò il mio report sul numero di parole che ho effettivamente scritto. Chiaramente sii a tua volta un buon partner di responsabilità. Usate la vostra creatività e accordatevi sui metodi e i tempi in cui condividere e parlare dei risultati.
Sorridete l'un l'altro. Sempre.
Meraviglioso!

LA TECNICA DELLA FIGURACCIA

C'è un motore molto forte in grado di dare una spinta inimmaginabile alla nostra produttività: la paura di fare una figuraccia pubblica.
Sicuramente avrai molti amici sui social. Usali. Dichiara pubblicamente i tuoi obiettivi, non solo sui social, ma anche in famiglia, tra amici, con i colleghi, con i compagni di calcetto o pilates. Fai una vera e propria dichiarazione d'intenti sulla tua strada verso il successo e la felicità. Dichiara ufficialmente anche una data. Prepara in anticipo la frase che andrai a dire, non improvvisare. Sii preciso e specifico.

LA MIA DICHIARAZIONE D'INTENTI:

....

....

....

....

Quando ti chiederanno come procede, e ti assicuro lo faranno spesso (altrimenti io cambierei amici) sarai spronato e ritroverai una rinnovata motivazione perché non c'è nulla di peggio di essere visti come incoerenti. Non c'è nulla di più imbarazzante di una figuraccia pubblica. Quindi mettiti scomodo. Abbi il coraggio di avere paura. Cosa sei disposto a fare per la tua felicità?

LA TECNICA DELLA SORPRESA

Questa è una delle tecniche più forti in assoluto se applicate correttamente e costantemente.
Sorprendi te stesso facendo piccole cose impossibili.

> *Sorprendi te stesso facendo piccole cose impossibili* >>.

Il segreto qui è nell'aggettivo "piccole". Immagina qualcosa, legato ai tuoi obiettivi e al tuo piano d'azione, che ti sembra impossibile ma che al contempo sia piccola. Per esempio potresti essere una persona timida che non riuscirebbe mai a fare una chiamata ad una persona sconosciuta per proporle un prodotto in vendita, ma hai scoperto che il tuo obiettivo richiede anche questo passo. Bene, allora sorprendi te stesso facendolo. Non è di certo una cosa gigantesca anche se per te sembra impossibile.

LA TECNICA DELLA VISUALIZZAZIONE

Devi sapere che la nostra mente a livello inconscio non fa distinzione tra un fatto che accade realmente ed uno che immaginiamo. Per il nostro inconscio i due fatti hanno la stessa valenza. Attivano le medesime aree cerebrali e ne rinforzano le connessioni esattamente con la stessa intensità. Per saperne di più sui meccanismi che governano la nostra mente e su come utilizzare tutto il potere che ne deriva leggi il mio libro *"L'incredibile potere - Come cambiare la tua vita e raggiungere la grandezza"*.
Il fatto che per la tua mente non vi è differenza tra ciò che avviene e ciò che immagini può essere utilizzato a tuo vantaggio.
Prima di andare a dormire immaginati mentre svolgi il compito o i compiti del giorno seguente. Immaginati in maniera vivida, riempi la tua immagine di dettagli, di suoni, di odori che senti mentre svolgi il compito, cerca di percepire quante più sensazioni possibile, le tue mani che battono i tasti della tastiera, i piedi che toccano il terreno, il sole che entra dalla finestra. Immagina di stare eseguendo l'azione come se fosse adesso, sentiti

ispirato e grato di trovarti proprio lì, proprio in quel momento, immaginati di procedere verso la fine del compito e poi di concludere esattamente nel punto in cui hai previsto di arrivare. Immagina la soddisfazione di sapere che anche oggi (che sarà domani) avrai completato il lavoro previsto. Che soddisfazione. Domani il tuo inconscio ti chiederà di ripercorrere la sensazione, guidandoti quindi all'azione.

LA TECNICA DELLA GESTIONE DEL TEMPO

Se hai seguito rigorosamente le indicazioni di questo libro, di questa tua personalissima agenda di trasformazione, dovrebbe essere davvero facile riuscire ad organizzare le tue giornate.
Se hai dei buoni obiettivi potrai gestire il tuo tempo in maniera efficace, viceversa senza obiettivi è impossibile gestire il tuo tempo in modo efficace. Programma nella tua agenda ogni cosa, programma la settimana, programma il mese, programma l'anno, programma il decennio. Metti tutto per iscritto. Non lasciare nulla al caso e non dare nulla per scontato. Programma davvero tutto, quando pranzare, quando riposare, quando spostarsi da casa al lavoro. Uno dei modi migliori per essere produttivi e raggiungere i propri obiettivi è capire quanto tempo serve per ogni compito e azione che andrai a svolgere. Se lo sai,

ti organizzi e sei puntuale. La puntualità è uno dei segni di maggiore maturità. Sii puntuale, con gli altri e con te stesso, sempre. Decidi anche quando staccare la spina. Pianifica il tuo tempo libero, i momenti in cui stare con te stesso e ricaricare le pile, pianifica le vacanze, brevi o lunghe, e quando ci sei goditele, non pensare al lavoro, non pensare agli altri obiettivi; ricordi? Focalizzati sugli obiettivi e agisci.

L'individuazione degli obiettivi e la pianificazione dei passi per raggiungerli ti permetteranno di gestire il tuo tempo di conseguenza. Per prenotare sessioni individuali o di gruppo sulla gestione del tempo, scrivimi direttamente all'indirizzo cinardicoaching@gmail.com.

LA TECNICA DEL BUON VIVERE

Hai dimenticato di fare la respirazione quadrata? Quasi sicuramente no, ma *repetita iuvant,* per cui vai con la respirazione.

La respirazione quadrata *fa dimagrire*. Ti svelo un segreto, mi ringrazierai in seguito. Ciò che ti fa dimagrire non è l'esercizio fisico in quanto richiede energia per la contrazione dei muscoli, non è neppure il deficit di calorie da solo, e neppure i cibi brucia-grassi (che non esistono) o gli acceleratori del metabolismo.

Ciò che realmente avviene nel processo di dimagrimento è la "combustione" del "carburante" mediante l'utilizzo di ossigeno. Ciò che davvero ti fa dimagrire è l'ossigeno. Dimagrisci se fai un buon uso dell'ossigeno. Quando fai sport, per esempio, chiedi al tuo corpo una maggiore quantità di ossigeno ed è proprio questa maggiore quantità di ossigeno che permette la combustione e quindi l'eliminazione del tessuto adiposo e del glicogeno contenuto nelle tue cellule. Più ossigeno, meno pancia.

Il beneficio della respirazione quadrata è duplice: ti garantisce una maggiore quantità giornaliera di ossigeno (per cui niente scuse, eseguila ogni giorno) e inoltre ottimizza il processo respiratorio, rende cioè più efficiente la respirazione normale in condizioni quotidiane.

La tecnica del buon vivere meriterebbe altri tre o quattro libri per essere approfondita ma, a grandi linee, il concetto è che devi imparare a vivere.

Non puoi pensare di raggiungere obiettivi nella vita se la tua vita non va alla grande. Ricorda la ruota di una buona esistenza. Per raggiungere i migliori traguardi devi curare ogni aspetto della tua esistenza. Questo non vuol dire che se momentaneamente hai difficoltà in altri settori della tua vita puoi usarle come scuse per non agire. Al contrario, significa che devi fare dei piani, e conseguentemente intraprendere azioni, per sistemare anche quegli aspetti che ti rallentano. Fai una sana nutrizione, prenditi cura del tuo corpo, evita le tossine e gli inquinanti, fai sport, stai a contatto con la natura, coltiva relazioni sane, dedica tempo ai tuoi affetti, lotta per le cose che contano, sii generoso, fai beneficenza, sii grato alla vita, scegli solo amicizie di qualità, evita le relazioni tossiche e negative, circondati di chi ti supporta e ambisce a fare grandi cose, impara a sorridere sempre, rilassati quando necessario, apprezza le piccole cose, sii gentile con tutti, coltiva l'empatia, leggi molti libri, condividi il tuo sapere, cerca di diventare ogni giorno una persona migliore, aiuta chi ti sta accanto, dona amore incondizionato, non smettere mai di imparare, coltiva la curiosità, rendi il mondo un posto migliore, apprezza ciò che hai, sii umile ma coraggioso, insegui i tuoi sogni, incoraggia quelli altrui, segui il tuo ikigai, aiuta gli altri a seguire il loro. Resta costantemente allineato alla tua ragion d'essere.

Un giorno, presto o tardi, te ne andrai, per cosa vuoi essere ricordato?

FANNE UN'ABITUDINE

Il nostro cervello di sapiens ha un'incredibile capacità: trasformare pensieri coscienti in azioni automatiche. Puoi sfruttarla per raggiungere tutti i tuoi obiettivi. Ancora una volta devi agire da uomo di scienza, pianificare e usare le giuste strategie. Il trucco sta nel creare strategicamente dei comportamenti che diventano abitudini verso il successo. Anche perché circa il quaranta percento delle azioni che svolgiamo ogni giorno non sono dovute a decisioni che prendiamo, bensì ad abitudini. Tanto vale allora progettare le tue abitudini.

Tutte le abitudini sono guidate dallo stesso ciclo neurale, il *ciclo delle abitudini*.

Il ciclo delle abitudini è formato da tre componenti. Il *segnale*, ovvero il grilletto che fa partire la tua abitudine. La *routine*, che è l'abitudine stessa. Il *premio*, ovvero il beneficio che ne ricavi.

Quando il premio è percepito come positivo, ogni volta che si presenta il segnale, avrai voglia di ripetere la routine. Quando questo processo è ripetuto un numero sufficiente di volte ecco che diventa automatico e si forma l'abitudine.

Ecco come utilizzare il ciclo delle abitudini a tuo vantaggio. Scegli un obiettivo che vuoi raggiungere, quello che in questo momento è il

più importante (in seguito puoi ripetere il processo per tutti gli obiettivi, per adesso inizia con uno), e considera il primo sotto-obiettivo che ti serve per raggiungerlo. Prendi un calendario da parete, o stampane uno e tieni a portata di mano la tua matita colorata. Ogni giorno impegnati ad eseguire l'azione che ti sei prefissato. Ogni volta che completi la tua azione segna una bella X, nel calendario. La sequenza di X costituisce una catena, presto vorrai continuare le tue azioni per il semplice motivo di vedere crescere, e non spezzarsi, la tua catena. È importante che parti dai piccoli obiettivi in modo da sfruttare il cosiddetto effetto Zeigarnik, cioè la nostra tendenza naturale a voler finire ciò che abbiamo cominciato e non abbiamo ancora completato.
Siamo solo all'inizio, adesso arriva la tecnica.

Anziché pensare quando, dove e perché fare una certa azione durante il giorno, segui un predeterminato corso di azioni ed evita di sprecare le tue energie mentali.
Si è scoperto che le persone che scrivono esattamente quando e dove fare una determinata azione sono più propense a metterla in atto. Sorpreso? Non credo.
Di seguito scrivi l'azione che compirai nel caso in cui si presenta un segnale dato.

Per esempio, quando sto per andare a dormire, se mi ritrovo di fronte lo specchio uso il filo interdentale. Oppure, al mattino dopo colazione, se vedo le scarpe da ginnastica le indosso e vado a correre. Scegli il segnale per l'abitudine che vuoi costruire e procedi con l'esercizio. Il segnale potrebbe anche essere uno stato emotivo.

Il segreto è legare la nuova abitudine a qualcosa che fai quotidianamente con assoluta certezza. Cioè incolla le abitudini.

Pronto? Respira. Sorridi. Procedi.

SE/QUANDO - ALLORA:
....
....
....

SE/QUANDO - ALLORA:
....
....
....

SE/QUANDO - ALLORA:
....
....
....

SE/QUANDO - ALLORA:
....
....
....

SE/QUANDO - ALLORA:
....
....
....

SE/QUANDO - ALLORA:
....
....
....

Adesso che hai deciso il segnale, e la nuova abitudine che ne segue, definisci il premio. Usa ciò che gli psicologi chiamano il "condizionamento operativo". È questo che ti permetterà di automatizzare le tue abitudini ed eseguirle in maniera costante.

Trova un modo, che susciti emozioni positive, per celebrare il tuo tentativo di riuscire nell'abitudine ogni volta che esegui il compito. Trova un modo che sia autentico per te, che ti faccia davvero provare emozioni positive. Non commettere l'errore, come farebbe l'uomo della strada, di

pensare che sono solo piccole abitudini e non c'è nulla da celebrare. Tu stai procedendo verso la realizzazione dei tuoi obiettivi più grandi quindi è qualcosa di molto importante da celebrare.
Scelto il premio, usalo immediatamente dopo che provi a completare la tua abitudine. Scegli qualcosa che sia autentico per te, se ti sembra sciocco non funzionerà. L'uomo della strada dice "ma è solo una piccola abitudine, non c'è molto da festeggiare". L'uomo di scienza invece capisce i meccanismi neurali e sa che ogni azione ed ogni pensiero contribuisce a modificare strutturalmente il proprio cervello. Continua ad essere un uomo di scienza. Festeggia, premiati. Non deve essere qualcosa di enorme. Basta, per esempio, un gesto fisico di vittoria, batti le mani sul petto, solleva le mani per aria, espandi le braccia verso l'esterno, guardati allo specchio e solleva i pollici, fatti un applauso, oppure urla qualcosa di positivo 'Ben fatto!', 'Ottimo lavoro!', 'Sono troppo forte', oppure ancora canticchia il tuo inno di vittoria 'Ta Ta Ta Taaaa', oppure ancora immagina una folla di persone entusiaste per il tuo successo, o un gruppo di persone che si complimentano con te. Fai un bel sorriso. Sempre.
Provane più di uno finché trovi quello adatto a te.

Ti svelo una tecnica aggiuntiva per creare le tue abitudini.

Usa dei gettoni (puoi crearli tu, usare delle fiches, monetine o ciò che ti ispira di più). Questa tecnica ti permetterà di rinforzare ulteriormente le tue abitudini. Ogni volta che completi un'azione che hai programmato posa un gettone sulla mensola. Stabilisci in anticipo il valore di scambio (il numero di gettoni che puoi convertire in premio). Raggiunta la soglia stabilita, datti un premio scambiando i gettoni. Scegli qualcosa che contribuisce a creare la tua figura, che va nella stessa direzione della nuova abitudine. Per esempio se corri per cinque volte a settimana non ha senso festeggiare con una fetta di torta, mentre è senz'altro utile regalarti una maglietta sportiva. Per esempio per scrivere questo libro ogni volta che ho completato una sessione di trenta minuti ho aggiunto un gettone alla pila. La soglia di scambio è stata fissata a dieci gettoni. Ogni dieci gettoni ho scelto come regalo l'acquisto di un libro di crescita personale. Capito come funziona?

Crea in anticipo una lista di premi che ti permetta di costruire progressivamente la persona che vuoi diventare. Crea una lista di premi che ti diano un crescente senso di appagamento e competenza.

Un'altra cosa che devi sapere per ottimizzare il processo di creazione delle tue abitudini è che esiste la cosiddetta *energia di attivazione*. Più è grande l'ostacolo tra te e il comportamento che vuoi attuare e maggiore sarà l'energia di attivazione richiesta per attuare l'azione, meno probabile sarà riuscire nell'intento. Quindi assicurati di abbassare l'energia di attivazione richiesta. Ovvero cambia l'ambiente intorno a te in modo che sia semplice attuare il cambiamento. Più riduci o elimini del tutto l'energia di attivazione, maggiori saranno le tue probabilità di successo.

Anche piccoli cambiamenti nell'ambiente che ti circonda possono fare una grande differenza. Per esempio se vuoi andare a correre al mattino, prepara le scarpe e l'outfit sportivo la sera prima e riponili vicino al tuo letto, se vuoi svegliarti e meditare, prepara la tua sedia o il tuo cushion. Se vuoi mangiare di meno compra piatti più piccoli, se vuoi dormire meglio rendi la tua stanza più fresca e buia, se vuoi leggere di più tieni il libro dove siedi di solito, etc..

Usa questa tecnica anche per eliminare le abitudini che non ti portano verso i tuoi obiettivi, le abitudini negative. In questo caso aumenta l'energia di attivazione delle abitudini che vuoi eliminare. Per esempio se i social media ti distraggono a lavoro, cancella le app, se posponi la sveglia e non riesci a svegliarti in tempo per meditare metti la sveglia lontano dal comodino in modo da doverti alzare, se la TV ti frena dal leggere, nascondi il telecomando o mettila in garage.

Hai tra le mani alcune delle tecniche più potenti per riuscire a creare la vita dei tuoi sogni, raggiungere tutti i tuoi obiettivi ed essere una persona felice e di successo. Usale, fai della tua vita un capolavoro.

Sfida te stesso con grandi, ambiziosi obiettivi, scomponili in sotto-obiettivi e sii consapevole che sono la costanza e l'azione che ti permetteranno di realizzarli.

Roma non è stata costruita in un giorno, ma posavano mattoni ad ogni ora.

È TEMPO DI SALUTARCI

È arrivato il fatidico momento. È tempo di salutarci. È un momento doloroso per me che devo lasciar andare la tua mano e adesso posso solo fantasticare su quali grandi cose riuscirai a realizzare.

Scrivimi e raccontami la tua storia, quale Ikigai hai scoperto per te e i successi che ottieni nella vita all'indirizzo cinardicoaching@gmail.com.

Gli Ikigai più belli saranno pubblicati in una raccolta dedicata.

Adesso ti do il mio saluto con una nota e un augurio.

La nota: anche se fai dei piani perfetti e agisci con molta dedizione non sempre otterrai tutto ciò che desideri. Sai perché?

Perché è cosi che va la vita. A volte ci sono delle mareggiate e bisogna riparare i danni. Non è giusto, penserai. Forse non lo è. Ma nessuno di noi ha voce in capitolo sulle dinamiche ultime dell'universo e della vita. Dobbiamo accettarla per quella che è.

L'augurio: a parte quelle volte in cui le cose non possono andare come volevi, la tua vita sarà piena ed appagata. Ci saranno moltissimi eventi positivi e tanta abbondanza. Se utilizzerai ciò che hai appreso in questo libro e resterai sempre allineato alla tua ragion d'essere, riceverai molto dalla vita, riceverai con abbondanza. Nella maggior parte dei casi otterrai tutto ciò che vuoi e spesso anche di più. Con altissime probabilità la vita ti sorprenderà con un sorriso, molte volte.

Non puoi immaginare cosa riuscirai a fare restando motivato. È impossibile dire cosa puoi realizzare quando hai posto solidi obiettivi orientati al tuo Ikigai. È davvero incredibile quello che puoi realizzare quando agisci per perseguire i tuoi obiettivi.

Questa è la tua personalissima agenda di trasformazione. Fanne buon uso. Usala per la tua trasformazione. Cambia la tua vita, perché puoi. L'unico torto che puoi fare a te stesso è smettere di credere che puoi fare piani, e realizzarli, per una vita di successo e felicità.

Respira, sorridi, realizza i tuoi sogni, crea un capolavoro. È il mio saluto, è il mio augurio. Con il sorriso, buona vita.

I TUOI APPUNTI

www.ingramcontent.com/pod-product-compliance
Lightning Source LLC
Chambersburg PA
CBHW060835220526
45466CB00003B/1116